3차 개정판

어린이

훈민정음

띄어쓰기

원고지 사용법

맞춤법 발음

어휘력은 모든 학습의 뿌리

기초 문법

4-2

책을 펴내며

언어는 의사소통은 물론이고, 자신의 생각을 표현하는 데 꼭 필요한 수단입니다. 이런 언어의 기본 단위가 바로 어휘입니다. 따라서 어휘력의 양적, 질적 향상은 매우 중요하다고 하겠습니다. 특히 학습 과정에 있는 학생들에게 있어 어휘력은 학습의 성패를 좌우할 만큼 중요한 요소입니다. 모든 교과 학습은 물론, 그 결과를 묻는 시험이 언어를 통해 이루어지기 때문입니다. 그러므로 어휘력은 단순히 국어 공부의 한 부분이 아니라, 모든 학습의 기본이자 필수 항목인 것입니다.

국어에는 총 50만 개가 넘는 어휘가 있고, 사회가 발전함에 따라 어휘는 생성과 소멸을 반복하며 변화하고 있습니다. 원만한 사회생활을 위해서 기본적으로 알아야 하는 어휘 수는 대략 5만 개 정도로 봅니다. 그런데 이 가운데 초등학교 과정에서 배우는 어휘가 약 2만 5천 개 정도나 됩니다. 결국 우리는 생활에 필요한 어휘의 반을 초등학교 과정에서 배우게 됩니다. 그만큼 초등학교 때 어휘 공부는 대단히 중요합니다.

그렇다면 초등학생들의 어휘력 향상을 위한 가장 좋은 학습 방법은 무엇일까요?

바로 교과서와 연계하여 관련 어휘를 학습하는 것입니다. 교과서에서 눈에 익은 어휘는 그만큼 어린이들이 쉽게 받아들이고 배우기에 수월합니다. 그리고 교과서 어휘를 완벽하게 익힘으로써 학습 효과를 높이는 것은 물론이고, 공부에 자신감이 생기게 됩니다. 이 책의 편집 원칙 가운데 첫째로 삼은 것이 바로 이 점입니다.

본 교재는 출간 당시부터 지금까지 여러 선생님과 학부모님들로부터 좋은 평가를 받아 왔던 '어린이 훈민정음'의 3차 개정판입니다. 2018년부터 적용되는 새 교과서 내용에 따라 이번에 전면 개정을 하였습니다. 학년별로 꼭 필요한 어휘를 선정하고, 어린이들이 쉽고 재미있게 학습하도록 문제 형식을 다양하게 구성하였습니다.

아무쪼록 본 교재를 통해 어린이들이 어휘 학습에 흥미를 느끼고, 자신감을 얻어 교과 학습은 물론이고 바른 국어 생활을 하는 데 이 책이 길잡이가 되기를 바랍니다.

감사합니다.

도서출판 **시서례**

⭐3차 개정판 어린이 훈민정음

목차

제 1 과 이어질 장면을 생각해요(1)

1 지도

다음 지도와 대표 나라를 보고 빈칸에 들어갈 지역의 이름을 찾아 쓰세요.

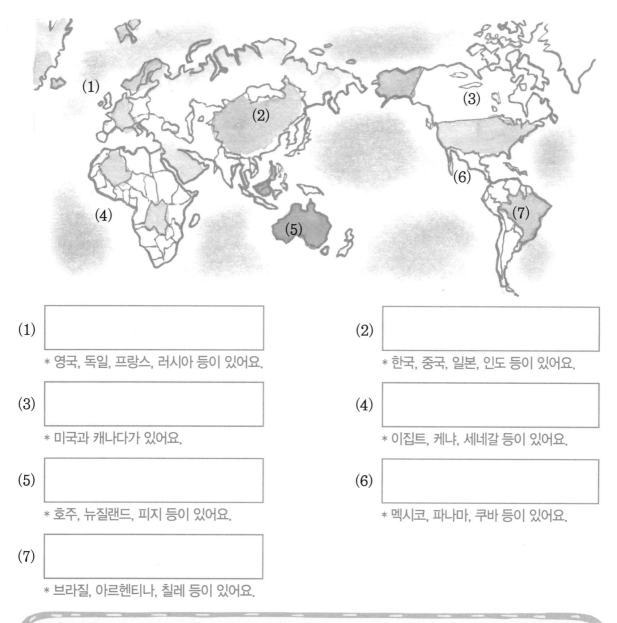

(1)

* 영국, 독일, 프랑스, 러시아 등이 있어요.

(2)

* 한국, 중국, 일본, 인도 등이 있어요.

(3)

* 미국과 캐나다가 있어요.

(4)

* 이집트, 케냐, 세네갈 등이 있어요.

(5)

* 호주, 뉴질랜드, 피지 등이 있어요.

(6)

* 멕시코, 파나마, 쿠바 등이 있어요.

(7)

* 브라질, 아르헨티나, 칠레 등이 있어요.

보기   아시아   아프리카   유럽   오세아니아

남아메리카   중앙아메리카   북아메리카

2 우주

우주와 관계있는 낱말입니다. 빈칸에 알맞은 낱말을 찾아 쓰세요.

(1) 우주의 중심은 지구이며, 우주의 모든 물체는 지구 주위를 돈다는 주장.

(2) 지구가 스스로 돌면서, 태양 주위를 돈다는 주장.

(3) 우주에 존재하는 모든 물체.

(4) 많은 별이 일정한 모양으로 모여 있는 것. 주로 둥근 모양을 하고 있다.

(5) 별들을 몇 개씩 연결하여 신화 속 인물이나 동물, 사물의 이름을 붙인 것.

   * 신화: 신이나 영웅의 이야기.

보기   천체   별자리   은하

          천동설   지동설

3 연극

 연극과 관계있는 낱말입니다. 빈칸에 알맞은 낱말을 쓰세요.

(1) 책을 읽고 그 내용으로 친구들과 | 여 | 하 | 극 | 을 했다.

* 참여자가 정해진 역할을 담당하는 연극.

(2) 이 연극의 | ㄷ | 보 | 은 우리 선생님께서 직접 쓰셨다.

* 연극이나 영화의 내용이 적혀 있는 글.

(3) 현주의 | 여 | ㄱ | 가 너무 어색했다.

* 연극이나 영화에서 배우가 맡은 인물의 행동이나 성격, 행동 등을 표현하는 일.

(4) 우리는 연극 시작 전에 각자의 | ㅅ | 품 | 을 챙겼다.

* 연극이나 영화에서 사용하는 작은 물건.

(5) 이 연극의 | ㄷ | 자 | 인 | 물 | 은 토끼와 거북이뿐이다.

* 연극, 영화, 소설 등에 나오는 인물.

4 무슨 낱말일까요?

설명을 읽고, 빈칸에 알맞은 낱말을 넣어 문장을 완성하세요.

(1) 이 나라의 전통 옷과 | 자 | 시 | 구 | 는 무척 화려하다.

    * 보기 좋게 꾸미기 위해 얼굴, 머리, 옷 등을 꾸미는 여러 가지 물건.

(2) 옹고집은 | 고 | 가 | 에 있는 곡식을 가난한 사람들에게 나누어 주었다.

    * 식량이나 물건을 넣어 보관하는 곳.

(3) 곡식을 내어 주고 마을 사람들의 | 이 | 시 | 을 얻었다.

    * 사람의 마음.

(4) 이 책은 그 작가의 두 번째 | 차 | 작 | 지 | 이다.

    * 지어낸 소설이나 시 등의 글을 모아 만든 책.

(5) 신이나 영웅이 등장하는 이야기를 | ㅅ | 화 | 라 하고, 어떤 인물이 특별한 경

험을 하고 증거를 남긴 옛날이야기를 | 저 | 서 | 이라 한다.

(6) 아버지는 연구소에서 동물 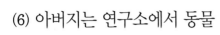 ㅇ 전 ㅈ 를 연구하신다.

* 생물체의 유전적(부모의 특징이 자손에게 전해지는 것) 특징이 드러나게 하는 물질.

(7) 어머니는 읽던 책에  책 가 피 를 꽂고 전화를 받으셨다.

* 읽던 곳이나 필요한 곳을 찾기 쉽도록 책장 사이에 끼워 두는 물건.

(8) 머털이가 도사에게서  ㄷ 술 을 배웠다.

* 사람의 생각으로는 상상할 수 없을 정도의 여러 가지 요술.

(9)  ㅇ ㄱ 편 을 보니 다음 이야기가 더욱 기대된다.

* 영화나 텔레비전 프로그램 등에서 다음 내용을 미리 알리기 위해 일부 내용을 뽑아 모은 것.

(10) 용이 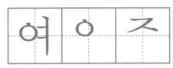 여 ㅇ ㅈ 를 입에 물고 하늘로 올라갔다.

* 용의 턱 아래에 있는 신비의 구슬. 이것을 얻으면 소원이 이루어진다고 한다.

(11) 사람을 구한 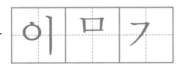 이 ㅁ ㄱ 가 용으로 변했다.

* 용이 되지 못하고 물속에 산다는 큰 구렁이(뱀).

5 비슷한말

 밑줄 친 낱말의 비슷한말을 빈칸에 쓰세요.

(1)
글이나 문학 작품을 쓴 사람을 '작가', '지은이'라고 한다.

이 책의 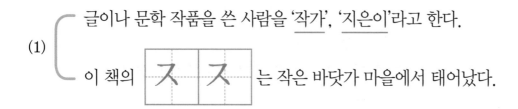 는 작은 바닷가 마을에서 태어났다.

(2)
책의 첫머리에 내용이나 목적을 간단히 적은 글을 '서문'이라고 한다.

이분이 동화 작가가 된 이유가 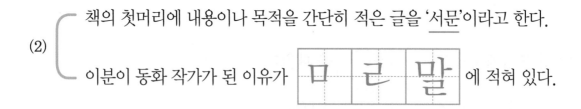 에 적혀 있다.

(3)
미래에는 하늘을 날아다니는 자동차가 생길 거야.

누구도 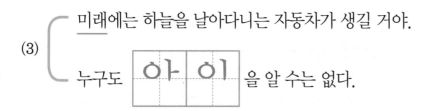 을 알 수는 없다.

(4)
나는 요즘 우리 꽃에 관심이 생겼어.

너는 이 만화에 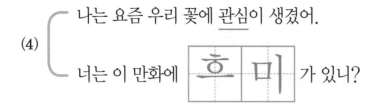 가 있니?

(5)
내 동생은 우리 학교 3학년이야.

'형만 한 ㅇ ㅇ 없다.'는, 형이 동생보다 뛰어나다는 말이다.

6 '–으로서'와 '–으로써'

> 나는 회장으로서 우리 반을 위해 최선을 다할 것이다.
>
> 신분이나 계급, 자격을 나타낼 때에는 '–(으)로서'를 씁니다.
>
> 농사를 지음으로써 사람들은 떠돌아다니지 않을 수 있게 되었다.
>
> 어떤 일의 방법이나 도구, 이유 등을 나타낼 때에는 '–(으)로써'를 씁니다.

다음 문장의 빈칸에 '–(으)로서'나 '–(으)로써'를 알맞게 쓰세요.

(1) 외삼촌은 대한민국 국민 [　　　　　] 자랑스럽게 군대에 가셨다.

(2) 우리는 책을 읽음 [　　　　　] 지식을 쌓을 수 있다.

(3) 그 대통령은 폭력 [　　　　　] 나라를 다스렸다.

(4) 자식 [　　　　　] 부모님의 마음을 아프게 해서는 안 된다.

제**2**과 이어질 장면을 생각해요(2)

1 관람

> 관람(觀覽) : 연극, 영화, 미술품 등을 구경함. 살펴봄.
>
> └─→ '본다'는 뜻.
>
> 예) 이 영화는 너무 무서워서 중학생 이하는 <u>관람</u>할 수 없다.

다음 설명을 읽고 '관'이 들어가는 낱말을 빈칸에 쓰세요.

(1) 자연 현상을 기계나 눈으로 직접 보고 측정하는 일.

(2) 사물이나 현상을 자세히 살펴보는 것.

(3) 운동 경기, 공연, 영화 등을 보거나 듣는 사람.

(4) 다른 지역이나 다른 나라에 가서 그곳의 풍경, 문화 등을 구경하는 것.

2 같은 모양, 다른 뜻

 다음 문장을 보고, 괄호 안에 공통으로 들어갈 낱말을 빈칸에 쓰세요.

(1)

원

① 현수는 계획표를 짜려고 종이에 (　　　)을 그렸다.

* 둥근 모양.

② 농부는 커다란 무를 (　　　)님께 바쳤다.

* 고려, 조선 시대에, 한 지역을 맡아 다스리던 사람.

(2)

ㄷ	ㅅ

① 결혼 같은 (　　　)가 생기면 친척들이 모두 모인다.

* 큰일.

② (　　　)를 잊었는지 현규의 얼굴이 빨개졌다.

* 연극이나 영화 등에서 배우가 하는 말.

(3)

저	기

① 오늘은 도서관 (　　　) 휴일이다.

* 일정하게 정해져 있는 기간.

② 소년은 그늘에 누워 나무의 (　　　)를 느끼고 있었다.

* 사물의 순수한 기운.

(4)

ㄷ	자

① 민수는 (　　　)로 자라면서 외로움을 느꼈다.

* 다른 자식 없이 단 하나뿐인 아들.

② 이 책의 (　　　)들이 큰 감동을 받았다.

* 책, 신문 등을 읽는 사람.

3 무슨 뜻일까요?

밑줄 친 말의 알맞은 뜻을 찾아 번호를 쓰세요.

(1) 할머니 댁 뒤에는 <u>울창한</u> 산이 있다.   (   )

    ① 분위기가 쓸쓸하고 으스스한.

    ② 나무가 빽빽하게 자라서 푸른.

(2) 이 책의 소개 글을 읽으니 <u>중략</u>되어 있는 부분이 궁금하다.   (   )

    ① 글이나 말의 중간을 줄이는 것.

    ② 글이나 말의 뒷부분을 줄이는 것.

(3) 도깨비에게 혼나더니 놀부가 <u>개과천선</u>했다.   (   )

    ① 지난날의 잘못을 고쳐 올바르고 착하게 되었다.

    ② 더욱 나빠졌다.

(4) 옹고집은 자신이 진짜라는 것을 <u>증명</u>했다.   (   )

    ① 그렇지 않다고 말했다.

    ② 진실인지 아닌지 증거를 들어서 밝혔다.

(5) 난로 옆에 두었던 바가지가 열 때문에 <u>변형</u>되었다.   (   )

    ① 모양이 달라졌다.

    ② 성질이 변했다.

(6) 이게 내가 제일 좋아하는 <u>구절</u>이야.　　　　　　（　　）

　　① 말이나 글의 한 부분.

　　② 책.

(7) 아기 돼지의 지푸라기 집은 무척 <u>허술했다</u>.　　　　（　　）

　　① 꼼꼼하지 못하고 엉성했다.

　　② 그럴듯하게 괜찮고 훌륭했다.

(8) 지선이는 주아를 보자마자 <u>외면했다</u>.　　　　　（　　）

　　① 반가워했다.

　　② 마주치기 싫어서 피하거나 얼굴을 돌렸다.

(9) 선경이는 진희가 범인이라는 사실을 <u>폭로했다</u>.　　（　　）

　　① 알려지지 않았거나 감춰져 있던 사실을 드러냈다.

　　② 덮어서 감추거나 숨겼다.

(10) 민주와 재희는 서로 비밀을 <u>공유하는</u> 사이다.　　（　　）

　　① 알려 주지 않는.

　　② 같이 가지는.

(11) 모차르트의 <u>즉흥적인</u> 피아노 연주에 모두 감동했다.　（　　）

　　① 그 자리에서 일어나는 느낌이나 기분에 따라 하는.

　　② 매우 흥이 나는.

4 십자말풀이

낱말 뜻풀이를 읽고, 괄호 안에 들어갈 낱말을 빈칸에 넣어 십자말풀이를 완성하세요.

(1)
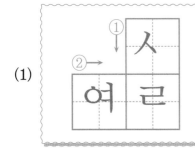

① 집에서 기르는 동물에게 주는 먹이.

② 태워서 에너지를 얻을 수 있는 물질.

① 새로 사 온 (　　　)를 강아지가 잘 먹는다.

② (　　　)를 가득 실어 우주선 발사 준비를 마쳤다.

(2)
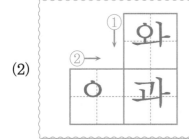

① 임금이 머리에 쓰는 관.

② 남자가 정식으로 갖추어 입는 옷.

① 임금님의 귀를 가릴 수 있는 (　　　)을 만들어라.

② 노인은 임금님의 (　　　)을 만드는 일을 한다.

(3)
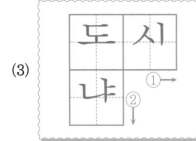

① 어린이의 마음.

② 돌아다니며 돈이나 물건을 달라고 비는 일.

① 이 이야기를 읽고 (　　　)을 느꼈다.

② 진짜 옹고집은 집에서 쫓겨나 (　　　)으로 밥을 얻어먹고 살았다.

5 바르게 쓰기

밑줄 친 낱말을 바르게 고쳐 쓰세요.

(1) 할아버지의 바램은 남한과 북한의 통일이었다.

_____

(2) 현미는 화가 나서 돌맹이를 발로 찼다.

_____

(3) 우주선을 실은 로케트가 하늘로 날아갔다.

_____

(4) 책을 읽으면서 친구들과 나눌 이야기거리를 찾아보았다.

_____

(5) 내가 수수께끼를 낼 테니까 알아맞춰 봐.

_____

(6) 선우는 친구들을 모두 잃고 왜톨이가 되었다.

_____

(7) 4월이 되자 꽃봉우리가 하나씩 벌어지기 시작했다.

_____

6 **원고지 쓰기**

다음 문장을 괄호 안의 횟수만큼 띄워서 원고지에 옮겨 쓰세요.

(1) 떠돌아다닌지3년이지났다.(3)

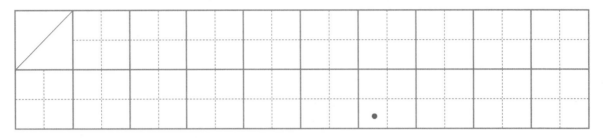

(2) 햇빛이사라지고몇날며칠어둠이내려앉았다.(6)

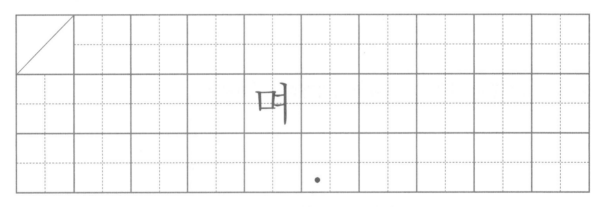

(3) 연꽃이꺾어지자마자송이송이다른꽃들이피었다.(5)

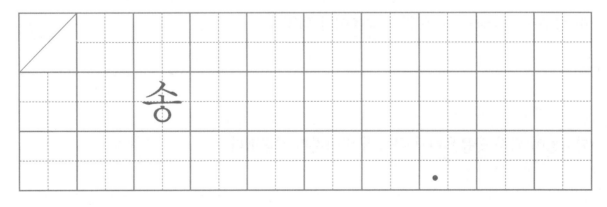

제3과 마음을 전하는 글을 써요(1)

1 무엇일까요?

다음 그림과 설명을 보고 알맞은 낱말을 찾아 쓰세요.

(1)

흙으로 빚어 구워서 만든 그릇.

(2)
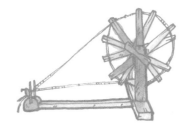

솜이나 털에서 실을 뽑는 기구.

(3)

사람이나 물건을 위아래로 나르는 장치.

(4)

멀리 있는 물체를 보도록 두 개 이상의 렌즈를 맞추어서 만든 장치.

보기   물레   망원경   도자기   승강기

2 무슨 낱말일까요?

설명을 읽고, 빈칸에 알맞은 낱말을 넣어 문장을 완성하세요.

(1) 아저씨는 진흙 | 바 | 주 | 으로 멋진 도자기를 만들어 내셨다.

     * 가루에 물을 부어, 골고루 섞어 주무른 것.

(2) 선생님은 뒤구르기 | 시 | 버 | 을 보여 주셨다.

     * 따라하도록 미리 해 보이는 것.

(3) | 도 | 야 | 에는 한국, 중국, 일본, 인도 등이 있다.

     * 유라시아(유럽과 아시아) 대륙의 동쪽 지역.　🔄 서양.

(4) 나는 할머니께 전화를 걸어 | 아 | 브 | 를 여쭈었다.

     * 어떤 사람이 편안하게 잘 지내고 있는지 아닌지에 대한 소식.

(5) 아무리 | 츠 | 장 | 을 해도 사람의 본성까지 좋아지지는 않는다.

     * 잘 매만져 곱게 꾸미는 것.
     * 본성: 사람이 태어나면서부터 가진 성질.

(6) 이사 가는 날 아침이 되니 전학을 간다는 것을 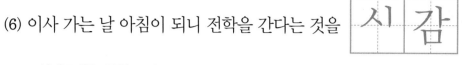 했다.

　　＊ 실제로 하는 듯한 느낌.

(7) 친구의 글을 읽고 나서, 전하고 싶은 마음을  로 썼다.

　　＊ 인터넷에 올린 글에 대해 짤막하게 답한 글.

(8) 나를 보면 하루의  가 싹 없어진다고 어머니는 말씀하셨다.

　　＊ 정신이나 몸이 지치고 힘든 것.

(9) 사람들은 대통령의 ┃연┃서┃ 을 듣고 감동했다.

　　＊ 여러 사람 앞에서 자기의 주장이나 의견을 말하는 것.

(10) 다른 사람이 모르는 내용이라고 ┃ㄱ┃장┃ 을 해서는 안 된다.

　　＊ 사실보다 지나치게 부풀려서 나타내는 것.

(11) 누나는 무뚝뚝하지만 나는 ┃ㅇ┃ㄱ┃ 가 많다.

　　＊ 남에게 귀엽게 보이려는 태도.

3 같은 모양, 다른 뜻

다음 문장을 보고, 괄호 안에 공통으로 들어갈 낱말을 빈칸에 쓰세요.

(1)

| 이 | 사 |

① 무슨 일이 있는지 지민이는 (　　　)을 찌푸리고 있었다.
  * 얼굴의 표정.

② 있었던 일 가운데 가장 (　　　) 깊은 일로 일기를 썼다.
  * 마음속에 새겨지는 느낌.

(2)

| ㄱ | ㄹ |

① 강감찬은 (　　　) 시대의 용감한 장수다.
  * 918년에 왕건이 세운 나라. 이 나라가 망하고 조선이 세워졌다.

② 읽을 사람을 잘 (　　　)해서 글을 써야 한다.
  * 미루어 생각하는 것.

(3)

| 어 | ㄹ |

① 어머니는 제주도에서 (　　　) 시절을 보내셨다.
  * 나이가 적은.

② 나는 현서에게서 진심 (　　　) 편지를 받았다.
  * 담겨 있는.

(4)

| ㄱ | 려 |

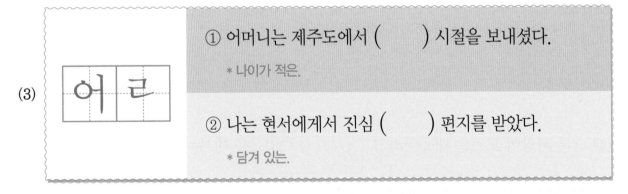

① 훈장님은 꿀통을 책으로 (　　　) 놓으셨다.
  * 보이지 않도록 막아.

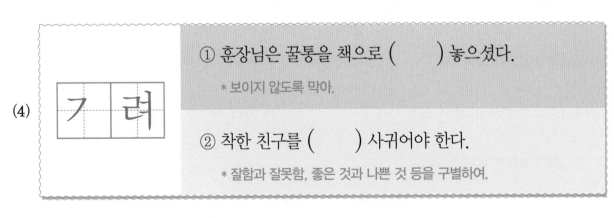

② 착한 친구를 (　　　) 사귀어야 한다.
  * 잘함과 잘못함, 좋은 것과 나쁜 것 등을 구별하여.

4 꾸미는 말

다음 설명에 알맞은 말을 보기에서 골라 쓰고, 그 낱말을 이용해 문장을 완성하세요.

(1) 이전의 느낌이나 감정이 다시 새롭게.　　　　　　　　　_____

(2) 본디(본래)부터.　　　　　　　　　_____

(3) 자신도 모르는 사이에.　　　　　　　　　_____

(4) 더할 수 없을 만큼 심하게.　　　　　　　　　_____

보기　　　잔뜩　　　그만　　　새삼　　　워낙

(5) 깔깔대며 웃는 모습을 보니 _____ 동생이 사랑스러워 보였다.

(6) 내 동생은 키가 _____ 작아서 유치원생 같아 보인다.

(7) 민정이는 귀신의 집에 들어가기도 전부터 겁을 _____ 먹었다.

(8) 친구와 장난치며 걷다가 _____ 앞으로 고꾸라지고 말았다.

5 비슷한말, 반대말

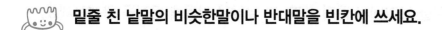 밑줄 친 낱말의 비슷한말이나 반대말을 빈칸에 쓰세요.

(1)
5월 15일은 <u>스승</u>의 날이다.

선생님은 반 ㅈ ㅈ 들을 보시며 흐뭇한 표정을 지으셨다.

(2)
아버지는 매일 9시에 <u>출근</u>을 하신다.

어머니는 매일 5시에 반 ㅌ ㄱ 을 하신다.

(3)
재훈이는 <u>장점</u>이 참 많은 아이다.

하지만 참을성이 부족한 것이 반 ㄷ ㅈ 이다.

(4)
옷이 땀에 젖으니 정말 <u>불쾌하다</u>.

우리 식구는 가족 여행 동안 반 ㅇ ㅋ 하게 지냈다.

(5)
우리 선생님은 <u>인격</u>이 훌륭하시다.

행동을 보면 그 사람의 비 되 되 이 를 알 수 있다.

제 **4** 과 마음을 전하는 글을 써요(2)

1 바르게 읽기(ㄺ받침)

물은 <u>맑고</u> 바람은 시원하다. → 맑고 [말꼬]

겹받침 'ㄺ' 뒤에 자음자 'ㄱ'이 오면 'ㄺ'은 [ㄹ]만 소리 납니다.

시냇물이 참 <u>맑다</u>. → 맑다 [막따]

하지만 'ㄱ' 외의 자음자가 오면 'ㄺ'은 [ㄱ]만 소리 납니다.

밑줄 친 말을 소리 나는 대로 쓰세요.

(1) 보름달이 진짜 <u>밝다</u>.　　　　　　　　　[　　　　　　　]

(2) 보름달이 뜨니 밤도 무척 <u>밝게</u> 느껴진다.　[　　　　　　　]

(3) 단풍이 들어 산이 정말 <u>붉구나</u>!　　　　　[　　　　　　　]

(4) 가을에는 <u>붉지</u> 않은 나무를 찾기 힘들다.　[　　　　　　　]

(5) 물을 많이 넣어서 죽이 <u>묽다</u>.　　　　　　[　　　　　　　]

(6) 찰흙 반죽이 참 <u>묽고</u> 부드럽다.　　　　　[　　　　　　　]

2 '안다'와 '않다'

다음 낱말 뜻을 읽고, 괄호 안에 알맞은 낱말을 넣어 문장을 완성하세요.

> **안다(안고)** : 두 팔을 벌려 가슴 쪽으로 끌어당겨 품 안에 있게 하다.
>
> **않다(않고)** : 어떤 행동을 안 하다.

(1) 숙제도 하지 (   ) 어디를 가려고 하니?

(2) 어머니께서 나를 꼭 (   ) 눈물을 흘리셨다.

> **알다(알고)** : 교육이나 경험 등을 통해 정보나 지식을 갖추다.
>
> **앓다(앓고)** : 병에 걸려 아파하거나 괴로워하다.

(3) 1 더하기 1이 2라는 것은 누구나 (   ) 있다.

(4) 규현이는 감기를 심하게 (   ) 있어서 학교에 못 간다.

> **일다(일고)** : 없던 현상이 생기다.
>
> **잃다(잃고)** : 가졌던 물건이 없어져서 그것을 갖지 않게 되다.

(5) 놀부가 집을 (   ) 자리에 앉아 울음을 터뜨렸다.

(6) 큰 파도가 (   ) 나서 배가 사라졌다.

3 무슨 뜻일까요?

🐱 **밑줄 친 낱말의 알맞은 뜻을 찾아 번호를 쓰세요.**

(1) 스님은 나에게 앞만 보고 달려가라고 <u>당부하셨다</u>.   (   )

　　① 단단히 부탁하셨다.

　　② 원하지 않는 일을 억지로 시키셨다.

(2) 자주 <u>소통하는</u> 이웃이 되면 좋겠습니다.   (   )

　　① 인사하는.

　　② 만나서 생각이나 뜻을 서로 전하는.

(3) 현수의 행동이 사람들의 마음을 <u>훈훈하게</u> 만들었다.   (   )

　　① 정답지 않고 차갑게.

　　② 마음을 부드럽게 녹여줄 정도로 따스하게.

(4) 상을 받은 장규는 <u>우쭐댔다</u>.   (   )

　　① 만족한 표정으로 뽐냈다.

　　② 부끄러워했다.

(5) 서현이는 내 비밀을 <u>떠벌리고</u> 있었다.   (   )

　　① 이야기를 부풀려 많이 하고.

　　② 남이 알아듣지 못하도록 낮은 목소리로 이야기하고.

4 바르게 쓰기

 밑줄 친 낱말을 바르게 고쳐 쓰세요.

(1) 재환이는 중요한 일이 있으면 달력에 <u>부침쪽지</u>를 붙여 표시했다.

_____

(2) 태웅이는 <u>쑥쓰러워서</u> 민주에게 편지로 마음을 전했다.

_____

(3) 다친 팔이 다 <u>낳거들랑</u> 나에게 편지를 쓰거라.

  * -거들랑: 어떤 일이 이루어지면.

_____

(4) 정호는 방과 후에 집에 <u>들리지도</u> 않고 친구네 집에 놀러 갔다.

_____

(5) 좋은 사람이 되려면 진실하고 좋은 친구를 <u>사겨야</u> 한다.

_____

(6) 나는 이사 온 지 얼마 되지 않아 모든 것이 <u>낯설다</u>.

_____

(7) 연수는 친구들에게 전할 소식을 학급 <u>계시판</u>에 썼다.

_____

5 '-이'와 '-히'

 문장을 읽고, 바르게 쓴 낱말에 동그라미 하세요.

(1) 너희 집이 어디인지
　　　자세이
　　　자세히
　　　설명해 주겠니?

　　* 작은 부분까지 아주 구체적이고 분명하게.

(2) 누나가 한복을
　　　단정이
　　　단정히
　　　차려 입고 집을 나섰다.

　　* 옷차림이나 자세 등을 얌전하고 바르게.

(3) 연수는 방을
　　　깨끗이
　　　깨끗히
　　　청소했다.

　　* 잘 정리되어 말끔하게.

(4) 준수는 피아노를 잘 치려고
　　　꾸준이
　　　꾸준히
　　　연습하고 있다.

　　* 처음과 똑같이 부지런하고 끈기 있게.

(5) 할아버지,
　　　편안이
　　　편안히
　　　쉬고 계세요.

　　* 편하고 걱정 없이.

(6) 민지는
　　　틈틈이
　　　틈틈히
　　　책을 읽는다.

　　* 시간 여유가 있을 때마다.

6 원고지 쓰기

다음 문장을 괄호 안의 횟수만큼 띄워서 원고지에 옮겨 쓰세요.

(1) 너희도힘껏달리고싶었을텐데.(4)

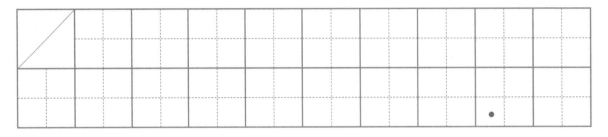

(2) 도자기가잘만들어지지않아서어찌할바를몰랐다.(6)

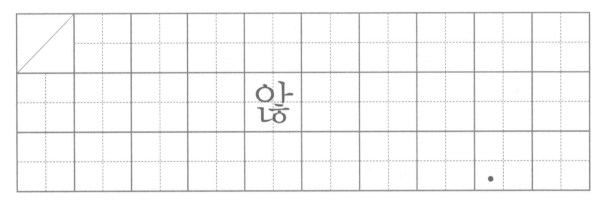

(3) 사람을사귀는데에가장중요한것은진실한마음이다.(7)

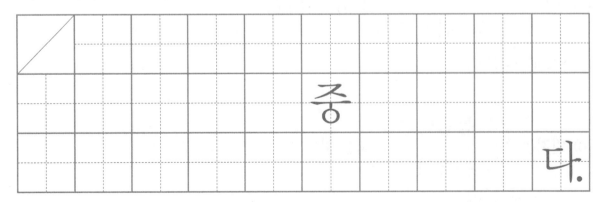

제 **5** 과 바르고 공손하게(1)

1 회의

회의에서 자주 쓰이는 낱말입니다. 빈칸에 알맞은 낱말을 찾아 쓰세요.

(1) 회의의 주제나 의견을 내어놓는 것.

(2) 다른 사람과 의견이 같거나, 그 의견에 찬성하는 것.

(3) 어떤 사실이나 결과 등을 드러내어 알리는 일.

(4) 투표로 결정하는 것.

(5) 회의에서 많은 사람의 의견에 따라 결정하는 일.

보기   동의   표결   다수결   제안   발표

2 무슨 낱말일까요?

 설명을 읽고, 빈칸에 알맞은 낱말을 넣어 문장을 완성하세요.

(1) 요즘에는 무게의 단위를 '그램'으로 나타내지만 예전에는 '그[ ]'을 썼다.

    * 무게의 단위. 고기나 한약재의 무게는 한 ( )에 600그램, 과일이나 채소는 375그램이다.

(2) 양반의 말에 노인은 거성 으로 대답했다.

    * 성의(정성) 없이 대충 하는 태도.

(3) 박 서바 은 윗마을 양반에게는 고기를 많이 주었다.

    * 성 뒤에 붙여, 벼슬이 없는 남자를 부르는 말.

(4) 우리 사 총ㅅ 는 어디든 매일 함께 다닌다.

    * '총을 쏘는 사람' 이라는 뜻으로, 앞에 붙은 숫자만큼 친하게 지내는 사람들을 비유적으로 이르는 말.

(5) 삼촌은 ㄱ익ㄱ고 를 만들고 계신다.

    * 사회 전체의 이익.
    * 여러 매체(텔레비전, 신문 등 어떤 내용을 전달하는 수단)를 통해 어떤 내용을 널리 알리는 것.

(6) 사람들 앞에서 너희끼리 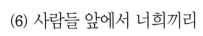 을 하는 것은 예의가 아니다.

      * 다른 사람의 귀 가까이에 입을 대고 작게 하는 말. 🔁 귀엣말.

(7) 희정이는 경희의 말에  을 냈다.

      * 마음에 들지 않아 싫증이나 화를 내는 짓.

(8) 화를 내는 회의 참여자에게 사회자는  를 주었다.

      * 어떤 행동을 하지 않거나 조심하도록 타이르거나 알려 주는 일.

(9) 나는 대화 예절을 주제로 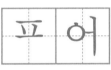 를 만들었다.

      * 의견이나 주장을 간단하고 짧게 나타낸 말.

(10) 다른 사람의 자료를 가져다 쓰려면  를 정확하게 밝혀야 한다.

      * 말이나 글을 처음 쓴 곳.

(11) 내 의견을 더 정확히 전하기 위해 위인의 말을 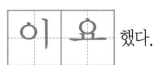 했다.

      * 남의 말이나 글을 자신의 말이나 글에 끌어다 쓰는 것.

3 대본

다음 글을 읽고 물음에 답하세요.

① ([　　　]) 끼익 철컥

아버지: 아빠 왔다.

채은, 채원: ② ([　　]) 아빠, 안녕히 다녀오셨어요.

아버지: 그래. 채원아, 오늘 무슨 날인지 알지?

채원: 제 생일이죠. 아빠, 선물 사 오셨어요?

아버지: 그럼, 누구 생일인데. 자 받아라.

채원: ③ ([　　]) 고맙습니다.

잠시 후.

아버지, 어머니, 채은: 사랑하는 채원이 생일 축하합니다. (박수 소리).

채은: 생일 축하해.

채원: 고마워. (기대에 찬 목소리로) 생일 선물 뜯어 봐야지. (놀라며)

　　　와! 이거 정말 갖고 싶었는데. 아빠, 고맙습니다.

채은: ④ ([　　]) 좋겠다. ⑤ ([　　]) 나도 갖고 싶다.

아버지: 채원이 거지만 언니한테도 빌려 주고 같이 놀아야 한다.

채원: ⑥ ([　　]) 네. (혼잣말로) 나 혼자 쓰고 싶은데.

채은: ⑦ ([　　]) 내 생일에 받은 옷도 같이 입잖아. 그러니까 이것

　　　도 같이 쓰는 거다, 알았지?

채원: (기분이 상해서) 싫어. 이건 내 거니까 나 혼자 쓸 거야. 치.

아버지: 채원아, ⑧ [　　　] 해야지.

(1) ①과 ⑧에 들어갈 말을 쓰세요.

① 더 실감 있게 하기 위해 넣는 소리.

ㅎ	ㄱ	음

⑧ 말을 잘못하거나 실수하지 않도록 마음을 쓰는 일.

말	ㅈ	ㅅ

(2) 인물의 표정, 마음 등을 나타내는 글을 '지문'이라고 합니다. 알맞은 말을 찾아 쓰세요.

② 명랑하고 활발하게.

③ 마음에 들어 매우 만족스럽게.

④ 어떠한 일에 영향을 받지 않고 평소처럼.

⑤ 아쉽거나 섭섭하게.

⑥ 자연스럽지 않게.

⑦ 얄밉게 놀리며.

보기

흐뭇하게   서운하게   태연하게

비아냥거리며   쾌활하게   어색하게

4 높임말

밑줄 친 부분을 높임말로 바르게 고쳐 쓰세요.

(1) 어머니, 생일 축하드려요.

_____

(2) 아버지, 밥 드셨어요?

_____

(3) 선생님, 이건 내가 할게요.

_____

(4) 할머니, 고마워.

_____

(5) 할아버지에게 선물을 드렸어요.

_____

(6) 내일은 이모 집에 놀러 갈게요.

_____

(7) 여러분, 오늘 회의 주제는 "친구들과 사이좋게 지내자."로 정했어.

_____

제 6과 바르고 공손하게(2)

1 속담

 다음은 말과 관계있는 속담입니다. 빈칸에 들어갈 낱말을 알맞게 쓰세요.

(1) 말 한마디에 천 냥 ㅂ 도 갚는다.

→ 말을 잘하면 어려운 일이나 불가능해 보이는 일도 해결할 수 있다는 말.

* 남에게 갚아야 할 돈.　　* 냥: 옛날에 돈을 세던 단위.

(2) 오는 말이 ㄱ ㅇ 야 가는 말이 ㄱ 다.

→ 상대가 자기에게 말이나 행동을 좋게 해야 자기도 상대에게 좋게 한다는 말.

* 부드럽고 순해야.　　* 부드럽고 순하다.

(3) 낮말은 ☐ 가 듣고 밤말은 쥐가 듣는다.

→ 듣는 사람이 없어도 말조심해야 한다는 말.

* 몸에 깃털이 있고 다리가 둘이며, 하늘을 자유로이 날 수 있는 짐승을 통틀어 이르는 말.

(4) 혀 아래 ㄷ ㄲ 들었다.

→ 말을 잘못하면 나쁜 일이 생기니 말조심을 하라는 말.

* 나무를 찍거나 쪼개는 도구. 손잡이 끝에 날카롭고 묵직한 쇠가 달려 있다.

2 대화 예절

 대화 예절에 관한 글입니다. 빈칸에 알맞은 낱말을 쓰세요.

(1) 나이나 관계에 알맞은 ㄴ ㅇ 말 을 쓴다.

  * 사람이나 사물을 높여서 이르는 말.

(2) 상대에게 ㄱ 친 말을 하면 안 된다.

  * 말투가 부드럽지 않고, 내용이 점잖지 않으며 나쁨.

(3) 상대의 말이 끝나기 전에는 ㄲ 어 드 지 말아야 한다.

  * 자기 순서나 자리가 아닌 틈을 벌리고 들어가지.

(4) 다른 사람의 말을 겨 청 해야 한다.

  * 귀를 기울여 집중하여 듣는 것.

(5) 상대가 ㅇ 해 할 수 있으므로 시 중 하 게 생각하고

말해야 한다.

  * 사실과 다르게 해석하거나 이해함.   * 매우 조심스럽게.

3 대화

인터넷으로 대화를 나눌 때 사용하는 말입니다. 빈칸에 알맞은 말을 찾아 쓰세요.

(1) 컴퓨터가 통신을 통해 자료를 주고받을 수 있는 상태.

(2) 누리집 등에서 대화를 주고받을 때 실제 이름을 대신하여 쓰는 이름.

(3) 통신을 통해 여러 사용자가 함께 대화를 나누는 곳.

(4) 긴 말을 줄이거나 글자의 모음자와 받침을 줄여 쓰는 말.

(5) 통신으로 대화를 나눌 때 감정이나 느낌을 전달하기 위해 말 대신 나타내는 그림.

보기   그림말   줄임 말   온라인   대화명   대화방

4 낱말 뜻풀이

빈칸에 알맞은 낱말을 넣어서 밑줄 친 낱말의 뜻을 풀이하세요.

(1) 음식점에 가서 어머니와 아버지는 짬뽕을, 나는 짜장면을 <u>주문했다</u>.

＊주문: 상품이나 음식을 만들어 줄 것을 요 구 하는 일.

(2) 은호가 자꾸 내 <u>별명</u>을 불러서 화가 났다.

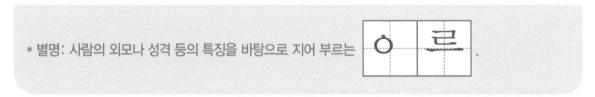

＊별명: 사람의 외모나 성격 등의 특징을 바탕으로 지어 부르는 이 름.

(3) 네모 칸 안에 숫자를 써 넣어 <u>빙고</u>를 하고 놀았다.

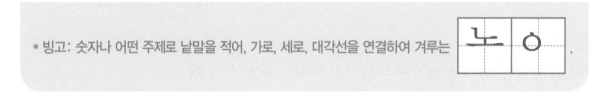

＊빙고: 숫자나 어떤 주제로 낱말을 적어, 가로, 세로, 대각선을 연결하여 겨루는 놀 이.

(4) 종이를 모아 <u>클립</u>으로 끼워 두었다.

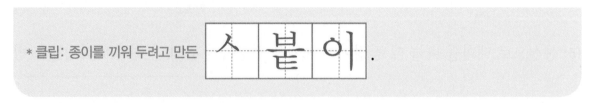

＊클립: 종이를 끼워 두려고 만든 쇠 붙 이.

(5) 나는 옆집 할머니께 <u>공손하게</u> 인사드렸다.

＊공손하게: 겸손하고 예 의 바르게.

5 무슨 뜻일까요?

밑줄 친 말의 알맞은 뜻을 찾아 번호를 쓰세요.

(1) 아버지는 외할머니를 <u>깍듯이</u> 대하셨다.　　　　　　（　　）

　　① 어른이나 남 앞에서 지켜야 할 예의가 없이.

　　② 분명하게 예의를 갖추어.

(2) 대화를 할 때에는 상대를 <u>배려해야</u> 한다.　　　　　　（　　）

　　① 도와주려고 관심을 두고 마음을 써야.

　　② 집중해서 봐야.

(3) 너희가 나를 <u>따돌리는</u> 줄 알았어.　　　　　　　　　（　　）

　　① 밉거나 싫은 사람을 멀리하는.

　　② 놀리는.

(4) 흥부는 부러진 제비 다리를 붕대로 <u>고정했다</u>.　　　　（　　）

　　① 무엇을 다른 물체에 둘러서 묶었다.

　　② 움직이지 않게 했다.

(5) <u>공식적인</u> 자리에서는 높임말을 사용하는 것이 좋다.　（　　）

　　① 개인과 개인이 만난.

　　② 여러 사람이 모여 형식을 갖춘.

6 원고지 쓰기

 다음 문장을 괄호 안의 횟수만큼 띄워서 원고지에 옮겨 쓰세요.

(1) 29명가운데에서9명이찬성했습니다.(3)

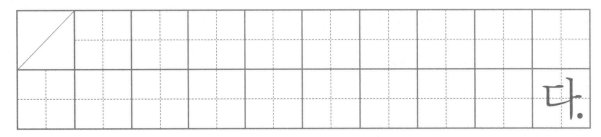

(2) 회의할때에는자신과다른의견도귀담아들어야한다.(6)

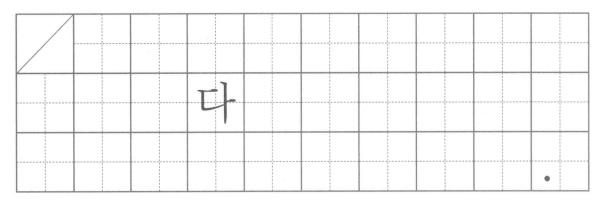

(3) 연필로한쪽을고정하고다른한쪽을손가락으로튕긴다.(6)

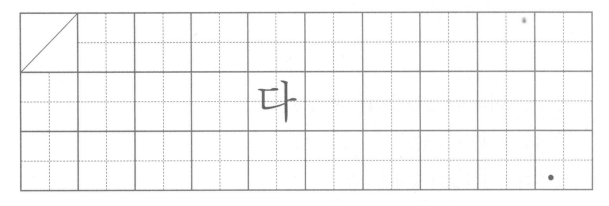

1 자동차

자동차와 관계있는 낱말입니다. 설명에 알맞은 낱말을 찾아 쓰세요.

(1) 자동차, 열차, 배 등을 운전하는 사람.

(2) 버스, 택시 등이 사람을 태우거나 내려 주기 위해 머무르는 장소.

(3) 속도나 운동 방향을 바꾸는 데에 쓰이는, 여러 개의 톱니바퀴로 이루어진 기계 장치.

(4) 기계나 자동차, 배 등을 운전하거나 작동하는 손잡이. 비 운전대.

(5) 기차, 자동차나 기계 장치의 운전 속도를 조절하고 멈추기 위한 장치.

보기   정류장   핸들   브레이크   기어   운전사

2 옷

옷과 관계있는 낱말입니다. 네모 칸 안의 글자를 따라 쓰고 알맞은 설명을 찾아 짝지으세요.

(1) 올 • • 옷이 구겨져서 생긴 줄.

(2) 주름 • • 옷에서 아래로 늘어진 부분.

(3) 옷감 • • 실의 가닥.

(4) 옷자락 • • 옷 만들 천을 길이에 맞게 재거나 자르는 일.

(5) 세모시 • • 옷을 짓는(만드는) 데에 쓰는 천.

(6) 마름질 • • 실 가닥이 가는 모시(모시풀 껍질로 실을 뽑아 짠 천).

3 누구일까요?

다음 설명에 알맞은 사람을 찾아 쓰세요.

(1) 죄를 저지른 사람.

(2) 기술을 깨우쳐 남달리 뛰어난 능력을 지닌 사람.

(3) 부모님께 효도하지 않는 자식.

(4) 지혜와 재능이 뛰어나고 용감하여, 보통 사람이 하기 어려운 일을 해내는 사람.

(5) 현재의 인간보다 이전에 살던 사람.

(6) 생활 수준이 낮고 문명이 발달하지 못해 문화 수준이 떨어진 사람.

보기   달인   영웅   범죄자
        야만인   원시인   불효자

4 무슨 낱말일까요?

설명을 읽고, 빈칸에 알맞은 낱말을 넣어 문장을 완성하세요.

(1) 내 동생은 | 또 | 래 | 아이들보다 키가 훨씬 크다.

      * 나이나 수준이 서로 비슷한 무리.

(2) 진우가 어느 사이에 우리 곁에 와서 | 참 | 견 | 을 하고 있었다.

      * 자기와 별로 관계없는 일에 끼어들어 쓸데없이 아는 체하거나 이래라저래라 하는 것.

(3) 친구들이 공기놀이를 같이 해 주지 않아 윤아는 | 시 | 토 | 이 났다.

      * 못마땅해하거나 투정을 부리는 못된 마음씨.

(4) 동생은 장난감을 사 달라며 바닥에 드러누워 | 시 | 위 | 를 했다.

      * 요구를 들어달라고 자신의 힘을 드러내 강력히 주장하는 것.

(5) 우봉이는 젓가락질을 잘하려면 어떤 | 귀 | 법 | 이나 | 스 | 법 | 같은

것이 필요하다고 생각했다.

      * 몸과 마음을 갈고닦기 위해 주먹으로 하는 운동.
      * 수단과 방법.

(6) 어머니께서  에 가셨다며, 옆집 할아버지께서 슬퍼하셨다.

  * 사람이 죽은 뒤에 그 혼이 가서 산다고 하는 세상. ㉻ 저세상.

(7) 창훈이는 사과는 하지 않고 계속  만 대고 있었다.

  * 잘못한 일에 대해 떳떳하지 못하게 말하는 변명.

(8)  로 어머니의 흰머리를 뽑아 드렸다.

  * 주로 잔털이나 가시 등을 뽑는 데에 쓰는 기구.

(9) 어머니는  에 밥을 가득 담아 주셨다.

  * 놋쇠(여러 금속을 섞어 만든 금속)로 만든 밥그릇.

(10) 현주는 내 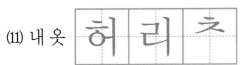 에 입을 대고 귓속말을 했다.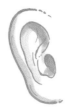

  * 귀의 밖으로 드러난 부분. 소리를 모아 귓구멍으로 들어가게 한다.

(11) 내 옷  에 복주머니가 달려 있다.

  * 바지나 치마 같은 옷의 허리 안쪽.

5 꾸미는 말

괄호 안에 들어갈 낱말을 알맞게 찾아 쓰세요.

(1) 무슨 일인지 아버지는 술을 (　　　) 드시고 들어오셨다.

* 싫증이 날 만큼 많이.

(2) 동생이 (　　　) 돌아누우며 잠꼬대를 했다.

* 옆으로.

(3) 떠나는 우리를 보시며 할머니는 (　　　) 아쉬워하셨다.

* 잊지 못하여 마음에 두고 계속.

(4) 우산을 쓰지 않아 민성이는 비를 (　　　) 맞았다.

* 물에 푹 젖은 모양.

(5) 얼굴이 하얘서 (　　　) 귀신을 본 것 같았다.

* 거의 같을 정도로 비슷한 모양.

(6) 내가 부탁을 거절하자 현수는 (　　　) 아쉬워했다.

* 생각보다 훨씬.

보기　　못내　　자못　　흠씬　　진탕　　모로　　흡사

6 바르게 쓰기

 밑줄 친 낱말을 바르게 고쳐 쓰세요.

(1) 수영이는 나에게 공기 알을 <u>건내주었다</u>.

_____

(2) 우진이를 보자마자 가슴이 <u>설레였다</u>.

_____

(3) 누나는 우리 마을의 소문난 <u>부자집</u>으로 시집을 갔다.

_____

(4) 선생님께서 <u>웬</u> 여자아이를 데리고 교실로 들어오셨다.

_____

(5) 할아버지는 한 번이라도 <u>북녘땅</u>을 밟아보는 것이 소원이라고 하셨다.
　*분단된 한국의 북쪽 땅.

_____

(6) 친구와 이야기하면서 걸어가다가 <u>하마트면</u> 넘어질 <u>뻔</u>했다.
　*조금만 잘못하였더라면.

_____

(7) 옆 반에 <u>질새라</u> 우리 반은 더욱 큰 목소리로 응원했다.
　*질까 봐 걱정하여.

_____

이야기 속 세상(2)

1 흉내 내는 말

🙂 빈칸에 흉내 내는 말을 알맞게 찾아 쓰세요.

(1) 동생은 노래를 듣더니 ⬜⬜⬜⬜ 엉덩춤을 췄다.

　　* 자꾸 한쪽으로 비뚤어지게 움직이는 모양을 나타내는 말. 　* 엉덩춤: 엉덩이를 흔들며 추는 춤.

(2) 나무에 열매가 ⬜⬜⬜⬜ 열려 있다.

　　* 공간적으로 촘촘하지 않고 사이사이가 떨어진 모양을 나타내는 말.

(3) 현수는 어머니 질문에 고개만 ⬜⬜⬜⬜ 저었다.

　　* 머리를 좌우로 자꾸 흔드는 모양을 나타내는 말.

(4) 주은이는 떨지도 않고 ⬜⬜⬜⬜ 발표했다.

　　* 조금도 흐리지 않고 아주 똑똑하고 분명한 모양을 나타내는 말.

(5) 어머니는 바람에 떨어진 옷들을 ⬜⬜⬜⬜ 주우셨다.

　　* 여기저기 흩어져 있는 물건을 하나하나 줍는 모양을 나타내는 말.

보기

　　절레절레　　　　주섬주섬

　　실룩실룩　　　또랑또랑　　　드문드문

2 –거리다

 '–거리다'는 '어떤 상태나 동작이 계속된다'는 뜻을 지닌 말입니다. 밑줄 위에 알맞은 말을 찾아 쓰세요.

(1) 돼지가 코를 _____ 거리며 밥을 먹고 있다.

＊ 자꾸 넓게 벌렸다 오므렸다 하며.

(2) 전학 간 친구 얼굴이 _____ 거려서 잠이 안 온다.

＊ 자꾸 떠올라서.

(3) 규현이는 민주 앞에만 서면 얼굴이 _____ 거려서 아무 말도 못했다.

＊ 달아오르는 듯이 자꾸 뜨거워져서.

(4) 사라가 지나가는 모습을 보고 사람들은 _____ 거렸다.

＊ 남이 알아듣지 못하도록 낮은 목소리로 자꾸 이야기했다.

(5) 민성이는 선생님께 질문을 할지 말지 _____ 거리고 있었다.

＊ 말이나 행동을 바로 하지 못하고 자꾸 망설이고.

| 보기 | 수군 | 머뭇 | 벌름 | 홧홧 | 아른 |

3 비슷한말

밑줄 친 낱말의 비슷한말을 두 개씩 찾아 괄호 안에 쓰세요.

(1) 성철아, 고기만 먹지 말고 <u>채소</u>도 먹으렴.

(　　　　　　　) , (　　　　　　　)

(2) 민정이는 어머니 심부름으로 생선 <u>가게</u>에서 고등어를 사 왔다.

(　　　　　　　) , (　　　　　　　)

(3) 오전에는 시원했는데 오후가 되니 날씨가 <u>뜨겁다</u>.

(　　　　　　　) , (　　　　　　　)

(4) 누나는 식물을 잘 <u>키운다</u>.

(　　　　　　　) , (　　　　　　　)

(5) 이 떡볶이는 은근히 <u>맵다</u>.

(　　　　　　　) , (　　　　　　　)

보기　　상점　　남새　　점포　　야채　　무덥다　　가꾼다

매콤하다　　보살핀다　　얼큰하다　　후텁지근하다

4 낱말 뜻풀이

😊 **빈칸에 알맞은 낱말을 넣어서 밑줄 친 낱말의 뜻을 풀이하세요.**

(1) 아버지를 생각하니 영란이는 목이 <u>메었다</u>.

* 메었다: 감정이 솟아올라서 ┌─┬─┬─┐ 모 ┃ 스 ┃ 리 ┘ 가 잘 나지 않았다.

(2) 지민이는 체했는지 속이 <u>메스껍다고</u> 했다.

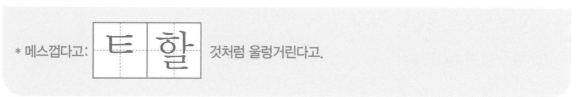

* 메스껍다고: ┌─┬─┐ 토 ┃ 할 ┘ 것처럼 울렁거린다고.

(3) <u>비색</u>을 띤 도자기가 무척 멋있다.

* 비색: 고려청자의 빛깔 같은, 옅은 ┌─┬─┬─┐ 프 ┃ 른 ┃ 색 ┘ .

(4) 모르는 아이가 나에게 <u>알은체해서</u> 깜짝 놀랐다.

* 알은체해서: 사람을 보고 안다는 듯이 ┌─┬─┐ 이 ┃ 사 ┘ 하는 표정을 지어서.

(5) 진경이는 자기 때문에 사고가 난 것 같아 마음이 <u>켕겼다</u>.

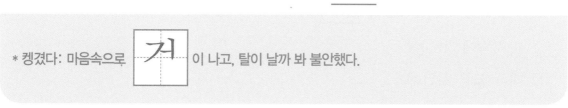

* 켕겼다: 마음속으로 ┌─┐ 겁 ┘ 이 나고, 탈이 날까 봐 불안했다.

5 무슨 뜻일까요?

밑줄 친 낱말의 알맞은 뜻을 찾아 번호를 쓰세요.

(1) 주현이의 말을 듣고 민지가 되받아쳤다.   (   )

　　① 옳다고 인정했다.

　　② 맞서며 대들었다.

(2) 희진이에게 밥 두 공기 정도는 거뜬하다.   (   )

　　① 매우 힘들고 어렵다.

　　② 힘들이지 않고 쉽다.

(3) 긴 여행을 마치고 온 나그네의 모습이 무척 궁상맞았다.   (   )

　　① 몹시 지저분하고 초라했다.

　　② 지쳐 보였다.

(4) 전화를 끊은 준우는 실성한 사람처럼 멍하니 앉아 있었다.   (   )

　　① 정신에 이상이 생겨 제정신을 잃은.

　　② 자지 않으려고 하는데도 자꾸 잠드는.

(5) 민서와 윤경이의 말다툼이 급기야 몸싸움으로 번졌다.   (   )

　　① 마지막에 가서는.

　　② 아주 짧은 시간에.

(6) 누나는 어머니께 대든 나를 책망했다.　　　　　　　　　　(　)

　　① 따뜻한 말로 달래고 감싸 주었다.

　　② 잘못을 꾸짖으며 못마땅하게 여겼다.

(7) 부탁을 들어주지 않은 현정이가 야속했다.　　　　　　　(　)

　　① 불쾌하고 섭섭했다.

　　② 매우 미웠다.

(8) 시장 한쪽에서 왁자지껄한 소리가 들려왔다.　　　　　　(　)

　　① 말다툼하는.

　　② 몹시 시끄럽게 떠드는.

(9) 동생은 우산을 삐뚜름하게 쓰고 걸어갔다.　　　　　　　(　)

　　① 조금 비뚤게.

　　② 어느 쪽으로도 기울지 않고 똑바로.

(10) 비밀을 알고 있었지만 성균이 앞에서는 모두 쉬쉬했다.　(　)

　　① 드러내지 않고 뒤에서 몰래 말했다.

　　② 아는 것을 모른다고 했다.

(11) 영란이는 아버지의 투박하고 거친 손을 꼭 잡았다.　　(　)

　　① 다쳐서 상처가 나고.

　　② 둔하며 볼품없게 생기고.

6 십자말풀이

낱말 뜻풀이를 읽고, 괄호 안에 들어갈 낱말을 빈칸에 넣어 십자말풀이를 완성하세요.

(1)
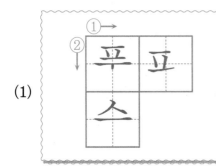

① 바람과 파도라는 뜻으로, 세상살이의 어려움과 고통을 나타내는 말.

② 옛날부터 그 사회에 전해 내려오는 문화.

① 부모님은 세상의 ( ) 속에서도 우리를 이렇게 키우셨다.

② 각 민족은 그 민족의 ( )을 지키며 살아간다.

(2)
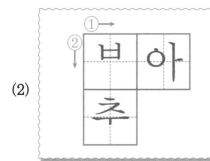

① 억울하고 화가 난 마음.

② 겨드랑이를 붙잡아 걷는 것을 돕는 일.

① 나를 놀리는 동생의 얼굴을 보니 순간 ( )가 끓어올랐다.

② 정윤이는 다리 다친 재민이를 교실까지 ( )해 주었다.

(3)
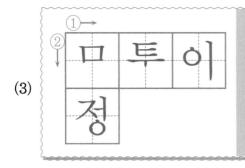

① 구부러지거나 꺾인 부분.

② 사각형, 육각형, 팔각형처럼 모가 나게 지은 정자(경치 좋은 곳에 놀거나 쉬기 위해 지은 집).

① 아버지는 건물 ( )에서 영란이를 기다리고 계셨다.

② 할아버지들께서 ( )에 앉아 장기를 두고 계신다.

1 무엇일까요?

다음 그림과 설명을 보고 알맞은 낱말을 찾아 쓰세요.

(1)

여러 물건을 넣어 두는 곳. **비** 곳간.

(2)

방에 불을 때려고 만든 구멍.

(3)

사람이나 짐을 실어 나르기 위해 바퀴를 달아 만든 기구.

(4)

무엇을 가리거나 장식용으로 방에 치는 물건.

보기   수레   광   병풍   아궁이

2 무슨 낱말일까요?

설명을 읽고, 빈칸에 알맞은 낱말을 넣어 문장을 완성하세요.

(1) 쥐들은 | 구 | 리 | 끝에 고양이 목에 방울을 달기로 했다.

   * 마음속으로 이리저리 따져 깊이 생각하는 것.

(2) 농부들은 가뭄으로 큰 | 소 | ㅎ | 를 보았다.

   * 나쁜 일을 당해서 재산이 줄거나 없어지는 일. 🔁 이익.

(3) 장사꾼들은 사또를 찾아가 | 파 | 겨 | 을 부탁했다.

   * 옳고 그름을 판단하여 결정하는 것.

(4) 쉬리와 배가사리는 우리나라 | ㅌ | 조 | 물고기다.

   * 본래부터 그 지역에서 나는 동물이나 식물의 종류.

(5) | ㄷ | 무 | 화 | 가정에서 태어난 한비는 영어를 무척 잘한다.

   * 한 나라 안에 여러 나라의 문화가 섞여 있는 것.

(6) 진정한  이 되려면 법과 질서를 잘 지켜야 한다.

     * 정치 · 경제 · 문화 등이 다른 나라보다 앞선 나라.

(7) 인권이란 사람이 사람답게 살  다.

     * 어떤 일을 자기 마음대로 할 수 있는 자격.

(8) 학교는 선생님과 학생이 모여 이룬  다.

     * 같은 뜻이나 목적을 가지고 있는 집단.

(9) 남의 실수에  을 베푸는 사람이 되어야 한다.

     * 남의 잘못이나 실수를 너그러이 용서하는 것.

(10) 아버지는 형편이 어려운 학생들에게 학비를 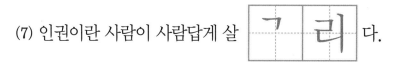 해 주셨다.

     * 일이나 사람, 단체 들을 돕는 것.   * 학비: 공부하는 데 드는 돈.

(11) 깨구락지는 개구리의 충청도 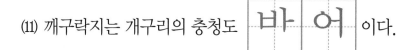 이다.

     * 표준어와 달리, 어떤 지역에서만 쓰이는 말. 비 사투리.

3 문장의 짜임

다음 속담을 위처럼 빗금(/)으로 나누고, 몇 번과 짜임이 같은지 번호를 쓰세요.

작은 고추가 / 더 맵다. (③)

(1) 바늘 도둑이 소도둑 된다.　　　　　　　　　　　(　)

(2) 빈 수레가 요란하다.　　　　　　　　　　　　　(　)

(3) 배보다 배꼽이 더 크다.　　　　　　　　　　　(　)

(4) 등잔 밑이 어둡다.　　　　　　　　　　　　　　(　)

(5) 가재는 게 편이다.　　　　　　　　　　　　　　(　)

(6) 고래 싸움에 새우 등 터진다.　　　　　　　　　(　)

4 바르게 쓰기

밑줄 친 낱말을 바르게 고쳐 쓰세요.

(1) 우리나라도 <u>멀지않아</u> 미국, 캐나다, 프랑스처럼 다문화 국가가 될 것이다.

_____

(2) <u>웃사람</u>에게는 높임말을 사용해야 한다.

_____

(3) 아주머니는 <u>목화값</u>으로 참기름 세 병을 주셨다.

  * 목화: 솜털을 모아 솜을 만들고, 씨로 기름을 짜는 풀.

_____

(4) 한여름에도 <u>산봉오리</u>에는 눈이 쌓여 있었다.

_____

(5) 황사가 불 때에는 외출을 <u>삼가해야</u> 한다.

_____

(6) 추석이라 고향에 내려가서 그런지 <u>길꺼리</u>에는 사람들이 별로 없다.

_____

(7) 피자 열두 조각 중에서 내 <u>목</u>은 두 조각이다.

  * 여럿으로 나누어 가지는 각 부분.

_____

제 10과 의견이 드러나게 글을 써요(2)

1 물

다음은 물과 관련된 낱말입니다. 빈칸에 들어갈 낱말을 찾아 쓰세요.

(1) 이번 [ ]로 집들이 물에 잠겼다.

* 비가 많이 와서 갑자기 크게 불어난 물.

(2) 아버지는 [ ]에 대비해 지붕을 수리하셨다.

* 갑자기 한꺼번에 많이 쏟아지는 비.

(3) 강 [ ]에서는 강물이 넘쳐 논밭이 물에 잠겼다.

* 강이나 내의 아래쪽 부분.

(4) 일주일째 이어진 비로 [ ]가 났다.

* 물이 넘쳐서 인명이나 재산의 피해가 생기는 일.

(5) [ ]을 만들면 비로 인한 피해를 막을 수 있다.

* 물을 쓰려고 강을 막아서 쌓은 큰 둑.

보기   폭우   하류   물난리   댐   홍수

2 무슨 뜻일까요?

밑줄 친 낱말의 알맞은 뜻을 찾아 번호를 쓰세요.

(1) 우리 반은 친구들끼리 <u>화합</u>이 잘된다.　　　　　　　　　(　)

① 힘을 합하여 돕는 것.

② 사이좋게 잘 어울리는 것.

(2) 예지는 수학 문제를 푼 후에 시험지를 <u>검토했다</u>.　　　　(　)

① 찬찬히 살피거나 따져보았다.

② 맞고 틀린 것을 따져 점수를 매겼다.

(3) 현도는 소리 내어 읽으며 <u>어색한</u> 문장을 고쳐 썼다.　　(　)

① 이해하기 까다로운.

② 자연스럽지 못한.

(4) 권투 선수인 삼촌은 몸이 <u>성한</u> 데가 없다.　　　　　　(　)

① 병이나 탈이 없는.

② 병이나 탈이 있는.

(5) 언니는 고등학생이 되더니 <u>성숙해</u> 보인다.　　　　　　(　)

① 몸과 마음이 자라서 어른스럽게.

② 나이에 비하여 어린 티가 있게.

3 누구일까요?

설명을 읽고, 빈칸에 알맞은 이름을 찾아 쓰세요.

(1) 자기 나라를 떠나 다른 나라에서 사는 사람.

(2) 재산이 적고 신분이나 지위가 낮은 계층의 사람.

(3) 다른 나라의 사람.

(4) 이슬람교를 믿는 사람.

* 이슬람교: 알라를 하나뿐인 신으로 받들고, 알라의 가르침을 따르는 종교.

(5) 일을 하고 받은 돈으로 생활을 하는 사람.

(6) 한곳에 오래 살아 말, 문화 등이 같은 사람들.

보기   하층민   무슬림   이민자

        노동자   민족   외국인

4 방언

 밑줄 친 방언과 뜻이 같은 표준어를 찾아 쓰세요.

(1) 아버지는 김치 부치기를 좋아하신다.

(2) 할매께서 고구마를 보내 주셨다.

(3) 누나는 강생이를 데리고 공원에 나갔다.

(4) 준희는 콩주름을 사러 시장에 갔다.

(5) 친구들과 개울가에서 올갱이를 잡았다.

＊ 빙빙 비틀린 모양의 단단한 갈색 껍데기를 가진 동물.

(6) 오마니께서는 빨래를 하고 계신다.

| 보기 | 다슬기 | 할머니 | 콩나물 |
| | 부침개 | 어머니 | 강아지 |

5 원고지 쓰기

 괄호 안의 띄어쓰기 횟수를 참고하여 다음 문장을 옮겨 쓰세요.

(1) 민규는여러모로본받을만한친구다. (4)

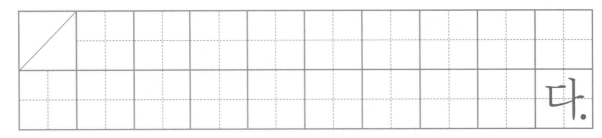

* 본받을: 그대로 따를.

(2) 그들은낯선땅에살아자신의권리조차주장하기힘들다. (7)

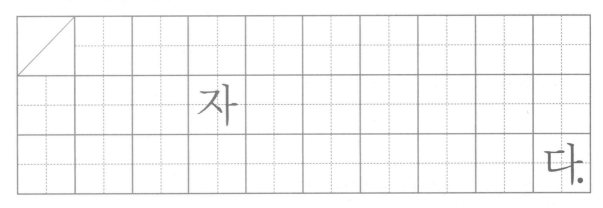

(3) 먼저손을내밀수있는사람이야말로멋있는사람이다. (7)

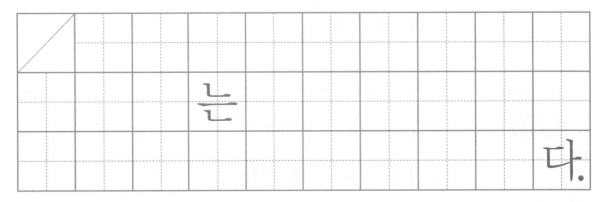

제 11 과 본받고 싶은 인물을 찾아봐요(1)

1 무엇일까요?

그림과 설명을 보고, 이름을 알맞게 찾아 쓰세요.

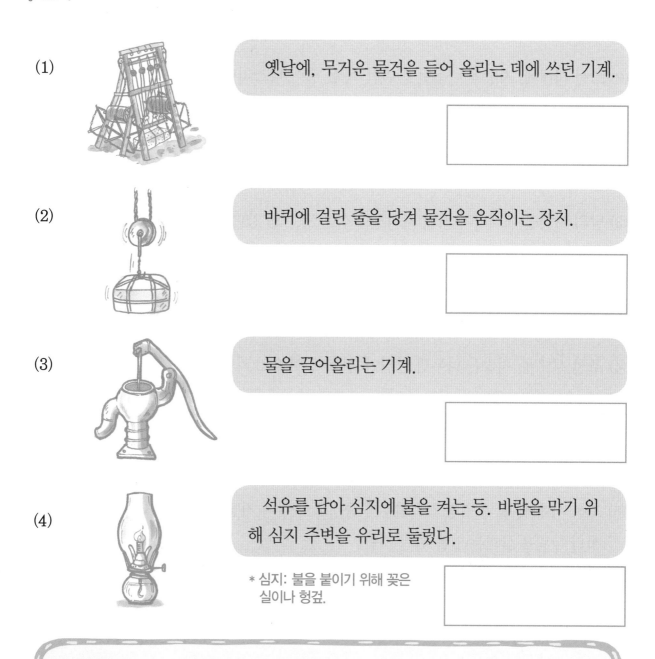

(1)
옛날에, 무거운 물건을 들어 올리는 데에 쓰던 기계.

(2)
바퀴에 걸린 줄을 당겨 물건을 움직이는 장치.

(3)
물을 끌어올리는 기계.

(4)
석유를 담아 심지에 불을 켜는 등. 바람을 막기 위해 심지 주변을 유리로 둘렀다.

* 심지: 불을 붙이기 위해 꽂은 실이나 헝겊.

보기   램프   거중기   펌프   도르래

2 누구일까요?

다음 설명을 읽고, 알맞은 사람을 찾아 쓰세요.

(1) 착하고 순한 백성.

（박스）

(2) 조선 시대에, 지방을 나누던 단위인 '목'을 맡아 다스리던 사람.

（박스）

(3) 남의 자식을 데려다가 자기 자식으로 삼은 딸. 🔵 양녀.

（박스）

(4) 조선 시대에, 지방을 나누던 단위인 '현'을 맡아 다스리던 사람.

（박스）

(5) 조선 시대에, 왕의 명령으로 신분을 숨기고 다니며 지방 관리의 잘못을 바로잡고 백성의 살림을 살피는 일을 하던 사람.

（박스）

보기   수양딸   목사   현감   양민   암행어사

사람과 관련된 낱말입니다. 빈칸에 들어갈 낱말을 알맞게 찾아 쓰세요.

(6) 제주도 사람들은 김만덕을 [ ]으로 생각했다.

* 어렵고 힘들 때 도와준 고마운 사람.

(7) 초희는 [ ]들의 학문과 지혜를 배우려고 애썼다.

* 지혜가 많고 덕이 높아 세상 사람들이 우러러보는 사람.

(8) 왕은 [ ]에 휘둘려 백성을 살피지 않았다.

* 나쁜 꾀로 자신의 이익을 챙기는 신하 무리.

(9) 그 사람은 [ ]에 의해 죽임을 당했다.

* 정치적으로 서로 반대되는 사람.

(10) 황진이는 조선 시대 유명한 [ ]이다.

* 옛날에 잔치나 술자리에서 노래나 춤으로 흥을 돋우는 일을 직업으로 삼은 여자.

보기   기생   정적   간신배   은인   성현

3 무슨 낱말일까요?

 설명을 읽고, 빈칸에 알맞은 낱말을 넣어 문장을 완성하세요.

(1) 오징어는 울릉도의 [특][산][물] 이다.

    * 어떤 지역에서 특별하게 생산되는 물건.

(2) 삼촌은 벼를 [수][확] 하시느라 구슬땀을 흘리셨다.

    * 다 익은 곡식이나 채소를 거두어들이는 것.

(3) 거짓말을 하느니 차라리 [침][묵] 을 지키겠다.

    * 아무 말도 없이 조용히 있음.

(4) 헬렌 켈러는 태어난 지 열아홉 달 만에 [열][병] 을 앓았다.

    * 열이 몹시 오르고 심하게 앓는 병.

(5) [댓][돌] 에 낯선 신발 한 켤레가 놓여 있다.

    * 집에 드나들 때 밟고 올라서는 넓적한 돌.

(6) 성희는 친구들과 함께 불우이웃 돕기  행사를 계획했다.

＊좋은 일을 하려고 여러 사람한테 돈을 걷어 모으는 일.

(7) 유관순은 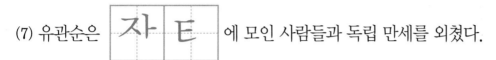 에 모인 사람들과 독립 만세를 외쳤다.

＊시장이 서는 자리.

(8) 이순신은 거북선을 만들어 조선을 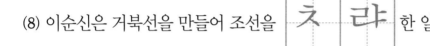 한 일본을 물리쳤다.

＊남의 나라를 쳐들어가 땅을 빼앗음.

(9) 농부는 삼 형제에게 사이좋게 지내라는 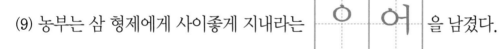 을 남겼다.

＊죽기 전에 남기는 말.

(10) 이게 꿈인지  인지 모르겠구나.

＊자지 않고 깨어 있는 동안.

(11) 왕비는 백설공주를  하여 궁궐에서 쫓아냈다.

＊나쁜 꾀를 써서 남을 어려움에 빠뜨림.

4 임금

임금과 관련된 낱말입니다. 설명을 읽고, 알맞은 낱말을 찾아 쓰세요.

(1) 임금의 얼굴을 높여 이르는 말.

(2) 임금 자리를 이을 왕자.

(3) 임금이 앉는 자리.

(4) 임금이 신하들과 나랏일을 의논하고 결정하던 곳.

(5) 신하가 임금 앞에서 자기를 낮추어 이르던 말.

(6) 여러 사람 앞에서 임금 자리에 오른 것을 알리는 의식.

보기	조정	즉위식	세자
	용안	소신	보좌

5 –하다

'–하다'가 붙는 말입니다. 빈칸에 알맞은 말을 넣어 문장을 완성하세요.

(1) 건우는 걸어 다니는 백과사전이라 불릴 만큼 [　　] 하다.

     * 어떤 분야에 대해 아는 것이 많다.

(2) 동생은 하나를 가르쳐 주면 열을 알 만큼 [　　] 하다.

     * 똑똑하고 영리하다.

(3) 허준은 〈동의보감을〉 [　　] 했다.

     * 여러 자료를 모아서 책을 만들었다.

(4) 헬렌 켈러는 어렸을 때, 성격이 [　　] 했다.

     * 몹시 거칠고 사나웠다.

(5) 태풍이 불어닥쳐 배가 바닷속으로 [　　] 했다.

     * 물속에 가라앉았다.

| 보기 | 편찬 | 난폭 | 해박 | 침몰 | 영특 |

제 12 과 본받고 싶은 인물을 찾아봐요(2)

1 어울리는 말

뜻풀이를 읽고, 괄호 안에 들어갈 말을 알맞게 연결하세요.

(1) 눈살 •

• (   )을 삼키다.

→ 몹시 긴장하거나 초초해하다.

(2) 마른침 •

• (   )을 찌푸리다.

→ 마음에 안 들어 두 눈썹 사이를 찡그리다.

(3) 피땀 •

• (   )을 치다.

→ 놀라운 사실을 알게 되다.

(4) 무릎 •

• (   )가 번쩍 뜨이다.

→ 들리는 말에 마음이 확 끌리다.

(5) 귀 •

• (   )을 흘리다.

→ 힘과 정성을 쏟아 노력하다.

2 어디일까요?

다음 설명을 읽고, 빈칸에 알맞은 장소를 찾아 쓰세요.

(1) 나랏일을 하는 곳.

(2) 강이나 바닷가에서 배가 드나드는 곳.

(3) 구덩이를 파고 짚 같은 것으로 지붕을 덮어 임시로 지은 집.

(4) 죄인이 귀양 보내진 장소.

   * 귀양: 죄인을 먼 곳으로 보내 일정 기간 지내도록 하던 벌.

(5) 옛날에 길가에서 술과 밥을 팔거나 여관 구실을 하던 곳.

   * 여관: 돈을 받고 손님을 자게 하는 집.

보기   움막   유배지   관청   주막   포구

3 독서 감상문 쓰는 방법

빈칸에 알맞은 낱말을 넣어 글을 완성하세요.

선생님께서 (1) _____ 을 읽고 독서 감상문을 써 오라고 하셨다.

(1) _____ 은 실제 인물의 삶을 (2) _____ 에 근거해 기록한 글

이다. 독후감을 쓰기 전에 인물이 살아온 과정을 생각해 보며 글을

(3) _____ 했다. 그리고 나서 (4) _____ 을 정리해 보며 인물의

삶을 이해했다. 또 인물의 (5) _____ 을 파악하며 본받고 싶은 점을

찾아보았다.

(1) 어떤 인물의 삶과 이룬 일을 적은 글.

저	ㄱ	문

(2) 실제로 있었던 일.

ㅅ	시

(3) 글에서 중요한 부분을 짧게 정리하는 것.

요	ㅇ

(4) 열심히 일해서 이룬 훌륭한 결과.

어	저

(5) 사람이 세계나 어떤 대상에 대해 가치를 매기는 기준.

ㄱ	치	과

4 인물을 소개해요

빈칸에 알맞은 낱말을 넣어 문장을 완성하세요.

(1)
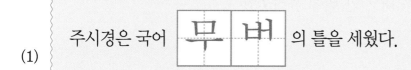
주시경은 국어 무 버 의 틀을 세웠다.

＊말과 글을 쓰는 데에 필요한 규칙.

(2)
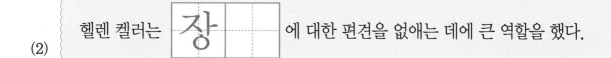
헬렌 켈러는 장 에 대한 편견을 없애는 데에 큰 역할을 했다.

＊몸의 한 부분이 온전하지 못하거나 제구실을 못하는 것.

(3)
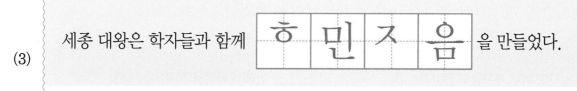
세종 대왕은 학자들과 함께 ㅎ 민 ㅈ 음 을 만들었다.

＊우리나라 글자. 한글의 옛 이름.

(4)
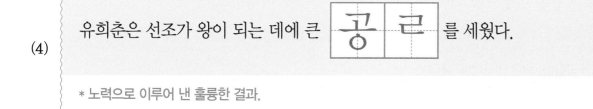
유희춘은 선조가 왕이 되는 데에 큰 공 ㄹ 를 세웠다.

＊노력으로 이루어 낸 훌륭한 결과.

(5)
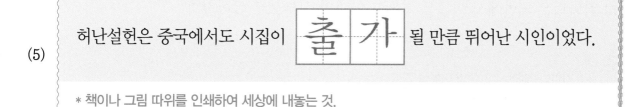
허난설헌은 중국에서도 시집이 출 가 될 만큼 뛰어난 시인이었다.

＊책이나 그림 따위를 인쇄하여 세상에 내놓는 것.

5 낱말 뜻풀이

😊 빈칸에 알맞은 낱말을 넣어서 밑줄 친 낱말의 뜻을 풀이하세요.

(1) 나그네는 보자기에서 책을 꺼내 <u>서안</u> 위에 올려놓았다.

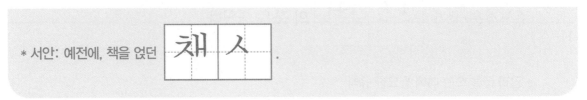

* 서안: 예전에, 책을 얹던 | 채 | ㅅ | .

(2) 할머니는 홀로 다섯 남매를 키우시며 온갖 <u>고초</u>를 다 겪으셨다.

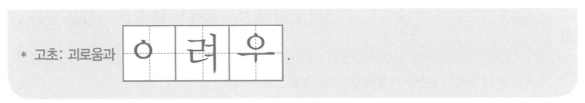

* 고초: 괴로움과 | ㅇ | 려 | 우 | .

(3) 정약용은 아버지가 돌아가신 후에 <u>시묘살이</u>를 하였다.

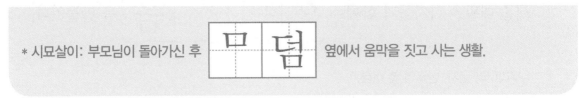

* 시묘살이: 부모님이 돌아가신 후 | ㅁ | 덤 | 옆에서 움막을 짓고 사는 생활.

(4) 나는 우주 비행사가 되어 <u>광활한</u> 우주를 마음껏 여행하고 싶다.

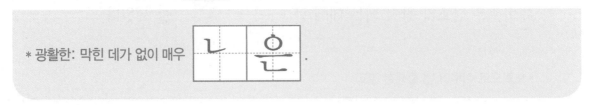

* 광활한: 막힌 데가 없이 매우 | ㄴ | 은 | .

(5) 김만덕은 <u>기안</u>에서 이름을 지우고 양민의 신분으로 돌아갔다.

* 기안: 관청에서 기생의 이름을 기록해 두던 | 채 | .

6 무슨 뜻일까요?

밑줄 친 낱말의 알맞은 뜻을 찾아 번호를 쓰세요.

(1) 짝꿍은 부모님을 <u>여의고</u> 고모와 살고 있다.　　　　(　)

　　① 함께 있으면서 잘 받들고.

　　② 죽어서 헤어지고.

(2) 임금은 가난한 백성들에게 세금을 <u>면제</u>해 주었다.　　　(　)

　　① 책임이나 일을 맡게 함.

　　② 책임이나 의무를 없앰.

(3) 희주는 <u>방정맞은</u> 모습을 들킨 것 같아 고개를 푹 숙였다.　(　)

　　① 말이나 행동이 점잖지 못하고 가벼운.

　　② 매우 깜찍하고 귀여운.

(4) 규원이는 쥐를 보고 <u>소스라치게</u> 놀라 뒤로 넘어졌다.　　(　)

　　① 깜짝 놀라 정신이 흐려지게.

　　② 깜짝 놀라 몸을 떠는 듯이 움직이게.

(5) 태현이는 친구들의 <u>전폭적인</u> 지지로 응원 단장이 되었다.　(　)

　　① 하나도 빠짐없이 전체의.

　　② 전체에서 절반이 넘는.

7 원고지 쓰기

 괄호 안의 띄어쓰기 횟수를 참고하여 다음 문장을 옮겨 쓰세요.

(1) 고향을떠난지몇십년이흘렀다.(5)

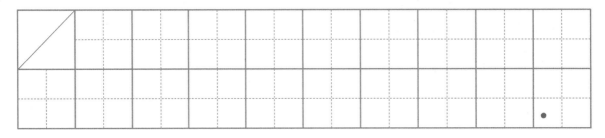

(2) 아침부터해가떨어질때까지한시도쉬지않고일했다.(7)

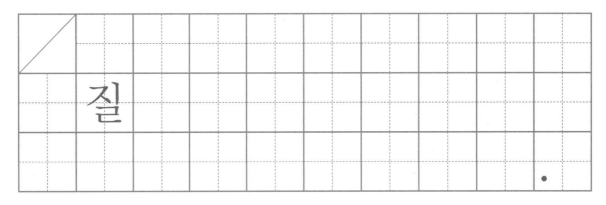

(3) 살아생전그가쓴시는방하나를가득채울정도였다.(8)

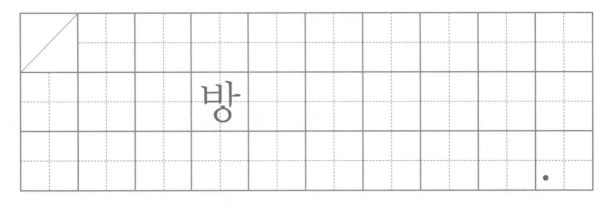

1 곤충

 그림과 설명을 보고, 알맞은 곤충의 이름을 찾아 쓰세요.

(1)

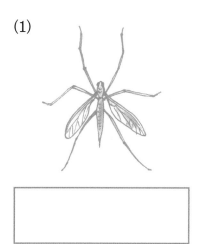

> 다리가 길고, 몸이 가늘
> ☜다. 모기와 비슷하지만 조금
> 더 크다.

(2)

> 몸 색깔이 검고, 가운뎃다
> 리와 뒷다리가 길다. 발끝에 ☜
> 털이 나 있어 물에 떠 있을
> 수 있다.

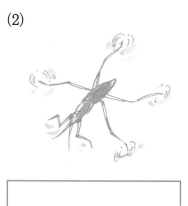

(3)

> 굵은 실처럼 생겼고 몸에
> ☜마디가 많다. 하수도, 개천
> 등에서 산다.

(4)

> 몸 빛깔은 갈색이다. 몸이
> 납작하고 길며 꽁무니에 긴 ☜
> 대롱이 달렸다.

보기　실지렁이　각다귀　장구애비　소금쟁이

2 ─로

낱말 풀이를 읽고, 괄호 안에 알맞은 낱말을 넣어 문장을 완성하세요.

| ─로(路) '길'의 뜻. | 신작로 | : 자동차가 다닐 정도로 넓게 새로 만든 길. |
| | 활주로 | : 비행기가 뜨거나 내릴 때에 사용하는 길. |

(1) (   )가 생겨서, 이제 우리 차를 타고 할머니 댁에 갈 수 있다.

(2) 준희는 비행기가 (   )에 내려앉을 때쯤 잠에서 깨어났다.

| ─회(會) '모임'의 뜻. | 전시회 | : 물건이나 작품 등을 사람들에게 보이는 모임. |
| | 연주회 | : 사람들 앞에서 음악을 연주하는 모임. |

(3) 수진이는 피아노 (   )에 친구들을 초대했다.

(4) 로봇 (   )에서 말하는 로봇을 보았다.

| ─장(場) '곳'의 뜻. | 비행장 | : 비행기가 뜨고 내릴 수 있는 시설을 갖춘 곳. |
| | 경기장 | : 운동 경기를 하기 위한 시설을 갖춘 곳. |

(5) 야구 경기가 끝나자 사람들이 (   )을 빠져 나갔다.

(6) (   )에는 비행 준비를 마친 비행기가 여러 대 있었다.

3 독서 감상문

빈칸을 채워 독서 감상문을 완성하세요.

이 책은 봄, 여름, 가을, 겨울의 (1) _____ 풍속을 소개하고 있다. 그중 겨울 풍속 가운데 하나인 (2) _____ 가 인상 깊었다. 이 날은 밤이 가장 길고, 낮이 가장 짧다. (3) _____ 11월에 들어 있으며, 이 달을 동짓달이라고도 한다. 우리 조상들은 이날 귀신을 쫓기 위해 귀신이 싫어하는 (4) _____ 을 집 앞에 뿌렸다. 이 책을 읽고 나니 계절의 변화에 의미를 (5) _____ 하고, 삶을 즐겁게 보내려는 우리 조상의 지혜를 알 수 있었다.

(1) 한 해의 절기나 달, 계절에 따른 때.

  * 절기: 일 년을 스물넷으로 나누어 정한, 계절의 구분.

(2) 24절기 가운데 22번째 절기. 우리나라에서 일 년 중 밤이 제일 길다. 🈺 하지

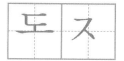

(3) 달이 지구를 한 바퀴 도는 시간을 기준으로 만든 달력. 반대말인 양력은 지구가 태양을 한 바퀴 도는 시간을 일년으로 하는 달력이다.

(4) 삶은 팥을 체에 문질러 거른 물에 쌀을 넣고 끓여 익힌 죽.

(5) 어떤 일에 가치나 뜻을 두는 것.

4 무슨 낱말일까요?

(1) 수술이 잘되어 할머니께서 건강을 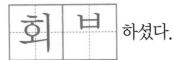 하셨다.

   * 원래의 상태로 돌이키거나 원래의 상태를 되찾음.

(2) 얼굴에 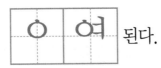 이 흐르니 가서 좀 씻고 오너라.

   * 때가 섞인 물이나 물기.

(3) 지구가 더워져서 | ㅂ | 하 | 가 녹아내리고 있다.

   * 높은 산이나 북쪽 지방에, 오래 쌓인 눈이 얼음덩이가 되어 덮고 있는 것.

(4) 일회용품을 많이 쓰면 환경이 | ㅇ | 여 | 된다.

   * 공기, 물 등이 더러워지는 것.

(5) 꿩은, 암컷을 까투리,  을 장끼라고 부른다.

   * 암수의 구별이 있는 동물에서 새끼를 배지 않는 쪽.

(6) 로희는 아버지께 강아지를 키우게 해 달라고 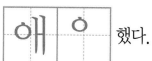 했다.

   * 애처롭게 사정하여 간절히 바람.

(7) 우리나라는 설날에 떡국을 먹는  이 있다.

   * 옛날부터 한 사회에 이어져 내려오는 생활 습관.

(8) 형이 내 일기장을  큰 소리로 읽었다.

   * 남의 것을 옆에서 갑자기 빼앗아서.

(9) 이 책을 읽게 된  가 뭐니?

   * 어떤 일을 하게 된 까닭.

(10) 추석은 음력 8월  이다.

   * 음력으로 그 달의 열닷새째 되는 날.

(11) 형은 대학 진학을 두고 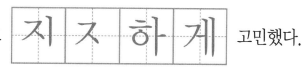 고민했다.

   * 말이나 태도가 장난기 없이 바르게.   * 진학: 다음 단계의 학교에 올라가는 것.

5 바르게 쓰기

밑줄 친 낱말을 바르게 고쳐 쓰세요.

(1) 바람이 시원스래 분다.

_____

(2) 동짓날 팥죽을 먹는 데에는 재미있는 이야기가 얼켜 있다.

　＊ 이리저리 관련되어.

_____

(3) 할머니께서 돗보기를 끼우시고 바느질을 하셨다.

_____

(4) 어머니를 뵈니 웬지 눈물이 날 것 같았다.

_____

(5) 고양이가 혀로 내 손을 할타 주었다.

_____

(6) 동생은 빨리 가자며 어머니를 제촉했다.

　＊ 어떤 일을 빨리하도록 졸랐다.

_____

(7) 농사는 뭐 아무나 짖는다더냐?

_____

제14과 독서 감상문을 써요(2)

1 할아버지

 '할아버지'를 부르는 방언입니다. 빈칸에 알맞은 지역 이름을 찾아 쓰세요.

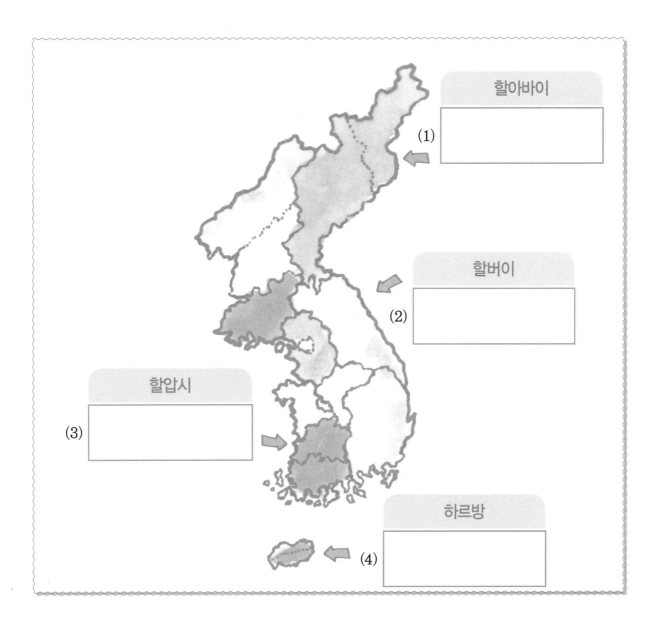

할아바이

(1)

할버이

(2)

할압시

(3)

하르방

(4)

보기 강원도   함경도   제주도   전라도

2 낱말 뜻풀이

 빈칸에 알맞은 말을 넣어서 밑줄 친 낱말의 뜻을 풀이하세요.

(1) 새벽에 어머니와 함께 <u>이슬받이</u>를 걸었다.

* 이슬받이: 양쪽에 이슬이 맺힌 풀이 우거진 좁은 .

(2) 옥상에 널어놓은 빨래가 빗물에 <u>흥건히</u> 젖었다.

* 흥건히: 물에 푹 잠길 정도로 .

(3) 선생님께서 내 잘못을 <u>일깨워</u> 주셨다.

* 일깨워: 알려 주거나  깨닫게 해.

(4) 순주는 <u>봉당</u>에서 멈칫거리다가 마당으로 내려섰다.

* 봉당: 안방과 건넌방 사이에 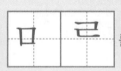 를 놓지 않고 흙바닥을 그대로 둔 곳.

(5) 어머니께서 <u>지겟작대기</u>를 들고 마당에 서 계셨다.

* 지겟작대기: 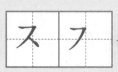 를 버티어 세우는 작대기.

3 무슨 뜻일까요?

밑줄 친 낱말의 알맞은 뜻을 찾아 번호를 쓰세요.

(1) 형은 합격자 발표를 기다리며 <u>안절부절못했다</u>.　　　　　　(　)

　① 앉지도 서지도 못하고 누워만 있었다.

　② 마음이 초초하고 불안하여 어찌할 바를 몰랐다.

(2) 세나는 대문 앞에 <u>오도카니</u> 앉아 어머니를 기다렸다.　　　(　)

　① 가만히 서 있거나 앉아 있는 모양.

　② 정신이 나간 듯이 멍청하게.

(3) 재호는 누나의 부탁을 <u>마지못해</u> 들어주었다.　　　　　　(　)

　① 하고 싶지 않지만 어쩔 수 없이.

　② 기쁘고 유쾌하게.

(4) 길 양옆으로 나무가 <u>우거져</u> 있었다.　　　　　　　　　　(　)

　① 자라서 **빽빽**하게 들어 차 있어.

　② 바닥에 누워.

(5) 성주는 현주와 만날 때마다 <u>옥신각신</u>했다.　　　　　　　(　)

　① 마음이 들떠서 두근거렸다.

　② 서로 옳으니 그르니 하며 다투었다.

4 같은 모양, 다른 뜻

다음 문장을 보고, 괄호 안에 공통으로 들어갈 낱말을 빈칸에 쓰세요.

(1)

① (　　　)가 올라서 과자 한 봉지에 3천 원이 되었다.

* 물건의 값.

② 은주는 (　　　)에 앉아 강물을 바라보았다.

* 바다, 강 호수 따위의 가장자리.

(2) ㅈ ㅎ

① 이 꽃은 (　　　)인데 마치 진짜 꽃처럼 보인다.

* 종이, 천, 비닐 등으로 만든 가짜 꽃.

② 이 책은 배경 그림과 내용이 (　　　)를 이룬다.

* 서로 잘 어울림.

(3) 사 ㅅ

① 지난 주말에 할아버지 (　　　)에 다녀왔다.

* 죽은 사람의 무덤.

② (　　　)가 없으면 사람은 살 수 없다.

* 생물이 숨 쉬는 데 꼭 필요한 기체.

(4)

① 우리나라 (　　　) 대통령은 이승만이다.

* 차례로 이어 나가는 자리나 지위에서 맨 첫째 차례.

② 혜수는 학예회에 부모님을 (　　　)했다.

* 어떤 모임이나 자리에 나와 달라고 부탁하는 것.

5 꾸미는 말

다음 설명에 알맞은 말을 보기에서 골라 쓰고, 그 낱말을 이용해 문장을 완성하세요.

(1) 매우 정성스럽고 절실하게.   _____

(2) 마음대로 마구.   _____

(3) 소리가 조금 낮고 조용하게.   _____

(4) 쏜 화살과 같이 매우 빠르게.   _____

| 보기 | 함부로 | 쏜살같이 | 간절히 | 나직이 |

(5) 효정이는 창밖을 보며 _____ 노래를 불렀다.

(6) 범인은 경찰을 보더니 _____ 도망쳤다.

(7) 여기서부터 저기까지 내 자리야. _____ 들어오지 마!

(8) 성태는 아버지의 병환이 낫게 해 달라고 _____ 기도했다.

*병환: '병'의 높임말.

6 원고지 쓰기

 괄호 안의 띄어쓰기 횟수를 참고하여 다음 문장을 옮겨 쓰세요.

(1) 동지는음력십일월의세시풍속이다. (4)

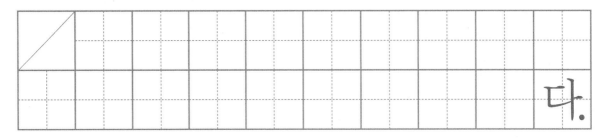

(2) 나는한번도꿈에대해진지하게생각한적이없다. (8)

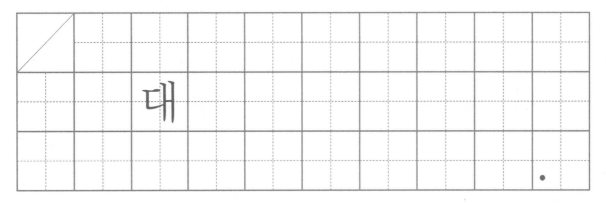

(3) 신작로까지십오분이면갈길을삼십분도더걸렸다. (8)

제 15 과   생각하며 읽어요(1)

1 '햇볕'과 '햇빛'

다음 뜻을 보고, 괄호 안에 알맞은 낱말을 쓰세요.

| 햇볕 | : 해가 내리쬐는 따뜻한 기운. |
| 햇빛 | : 해의 밝은 빛. |

(1) (   )이 강해서 빨래가 잘 마른다.

(2) 이 방은 (   )이 들어오지 않아 어둡다.

자신	: 어떤 일을 잘 해낼 수 있을 것이라 믿는 것.
자만	: 자신과 관련 있는 것을 자랑하며 뽐내는 것.
자선	: 남을 불쌍히 여겨 도와주는 것.

(3) 현준이는 나에게 이길 것이라고 우쭐대며 (   )하다가 그만 지고 말았다.

(4) 유명한 가수들이 모여 불우 이웃을 위한 (   ) 공연을 했다.

(5) 우물쭈물하지 말고 (   ) 있게 대답해 봐.

2 무슨 낱말일까요?

 설명을 읽고, 빈칸에 알맞은 낱말을 넣어 문장을 완성하세요.

(1) 흥부는 돈도 없는데 자식을 너무 많이 낳았다는 | 비 | 나 | 을 받았다.

　　* 남의 잘못을 꼬집어 나쁘게 말함.

(2) 우리 가족은 지난 일요일에 한복을 입고 | ㄱ | 구 | 에 다녀왔다.

　　* 옛날 궁궐.

(3) 누나는 | ㅅ | 려 | 이 좋아서 멀리 있는 물건도 잘 본다.

　　* 물체가 있는지 없는지, 어떤 모양인지 구별할 수 있는, 눈의 능력.

(4) 우리는 조상이 남긴 | 문 | | 재 | 를 잘 지켜야 한다.

　　* 문화 활동에 의해 만들어져 가치가 뛰어난 물건.

(5) 지진이 일어나는 바람에 우리의 소중한 | 보 | ㄱ | 자 | ㄹ | 가 사라져

버렸다.

　　* 새의 둥지라는 뜻으로, 살기에 포근하고 편안한 곳을 비유적으로 이르는 말.

(6) 다른 사람의 의견도  해야 한다.

  * 귀하고 소중하게 대하는 것.

(7) 먹지 않고 오래 두었더니 빵에  가 생겼다.

  * 어둡고 물기가 있는 곳에 자라는 균.

(8) 아버지께서  을 치시자 누나는 눈물을 보였다.

  * 몹시 화가 나서 크게 꾸짖는 소리.

(9) 우리 학교는 방학 때에도 운동장을  하여 누구나 놀 수 있다.

  * 문이나 어떤 곳을 열어 자유롭게 드나들고 이용하게 하는 것.

(10) 북한은 남한에 비해 지하자원이 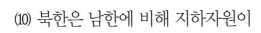 .

  * 넉넉하고 많다.

(11) 다른 사람 일에 지나치게  하면 갈등이 생길 수 있다.

  * 관계가 없는 남의 일에 지나치게 참견하는 것.

3 비슷한말, 반대말

밑줄 친 낱말의 비슷한말이나 반대말을 빈칸에 쓰세요.

(1)
오늘부터 도서관을 <u>개방</u>하니 많이 이용하시기 바랍니다.

도서관을 고치기 위해 잠시 반 **폐쇄** 했다.

(2)
전쟁으로 그 도시가 완전히 <u>파괴</u>되었다.

빨리 새 도시를 반 **건설** 해야 한다.

(3)
우리에게는 모두 인간답게 살 <u>권리</u>가 있다.

나에게는 숙제를 해야 하는 반 **의무** 가 있다.

(4)
에너지를 <u>절약</u>하는 것도 환경을 지키는 방법이다.

놀부는 돈이 많아도 절대 반 **낭비** 하지 않았다.

(5)
네가 그렇게 생각하는 <u>까닭</u>이 뭐야?

주장을 펼 때에는 비 **근거** 를 함께 말해야 한다.

4 무슨 뜻일까요?

밑줄 친 낱말의 알맞은 뜻을 찾아 번호를 쓰세요.

(1) 이 병원은 환자들의 <u>편의</u>를 위해 화장실을 깨끗하게 수리하였다.　　（　　）

　① 편하고 좋은 형편이나 조건.

　② 병이나 상처를 잘 다스려 낫게 하는 일.

(2) 흥부는 제비의 박씨로 <u>말미암아</u> 부자가 되었다.　　（　　）

　① 까닭이나 원인이 되어.

　② 식물이 열매를 맺어.

(3) 현진이의 말투가 내 귀에 몹시 <u>거슬렸다</u>.　　（　　）

　① 마음에 들지 않고 불쾌했다.

　② 머릿속에서 자꾸 떠올랐다.

(4) 공사장에서는 <u>안전사고</u>를 조심해야 한다.　　（　　）

　① 안전하게 조심하여 아주 작게 일어나는 사고.

　② 안전 교육을 하지 않거나, 주의하지 않아 일어나는 사고.

(5) 흥부는 아무리 <u>버둥거려도</u> 가난에서 벗어날 수 없었다.　　（　　）

　① 힘겨운 처지에서 벗어나려고 애를 써도.

　② 돈을 벌어도.

5 띄어쓰기

 괄호 안의 띄어쓰기 횟수를 참고하여, 띄어야 할 부분에 ∨ 표를 하세요.

(1) 한번망가진문화재는돌이킬수없다. (5)

(2) 한밤중에아파트위층에서아이들이피아노를친다. (5)

(3) 학교도서관에서고인돌에대한책을빌려읽기도했다. (7)

(4) 사람들은숲에서생활에필요한여러가지물건을얻는다. (7)

(5) 나무를베어낸숲은꼭다시가꾸어야한다. (7)

(6) 우리는숲을보호하고생물들의보금자리를지켜주어야한다. (7)

(7) 문화재를관람하면조상이살았던때를생생하게느낄수있다. (8)

제 16과 생각하며 읽어요(2)

1 방언

'어느 한 지방에서만 쓰는, 표준어가 아닌 말'을 '방언'이라고 합니다. 다음 문장에서 표준어를 찾아 ○표 하세요. 나머지는 방언입니다.

(1) 수현이는 (꼬깔모자, 고깔모자)를 쓰고 우리를 기다렸다.

　　* 아래는 둥글고 위는 뾰족하게 생긴 모자.

(2) 수정이는 꽃이 다치지 않게 꽃밭 (가생이, 가장자리)로 사뿐히 걸어갔다.

　　* 둘레나 끝부분.

(3) 아저씨께서 (등, 등어리)에 무거운 짐을 지고 계셨다.

　　* 사람이나 동물의 몸에서, 가슴과 배의 반대쪽 부분.

(4) 고구마 (줄기, 줄거리) 하나 먹어 보지 않을래?

　　* 식물체를 받치고 뿌리에서 흡수한 수분이나 영양분을 각 부분에 나르는 부분.

(5) 이 동네에는 (그지, 거지)가 한 명도 없다.

　　* 남에게 음식을 공짜로 얻어먹으며 사는 사람.

(6) (삼촌, 삼춘)께서 생일 선물로 시계를 사 주셨다.

　　* 아버지의 형제를 이르는 말. 주로 결혼하지 않은 사람을 이른다.

2 낱말 뜻풀이

🐷 빈칸에 알맞은 낱말을 넣어서 밑줄 친 말의 뜻을 풀이하세요.

(1) 편식을 하면 건강에 좋지 않다.

＊ 편식: 골고루 먹지 않고 특정한 [음식] 만 가려 먹는 일.

(2) 그 박물관에서는 흔히 볼 수 없는 유물들을 볼 수 있다.

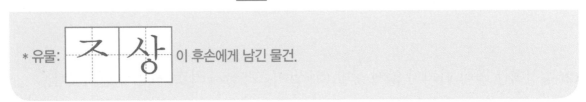

＊ 유물: [조상] 이 후손에게 남긴 물건.

(3) 이분은 옛날에 유랑 극단에서 일하셨다.

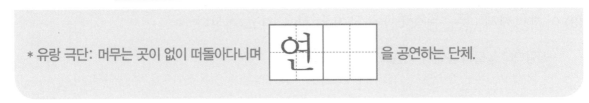

＊ 유랑 극단: 머무는 곳이 없이 떠돌아다니며 [연극] 을 공연하는 단체.

(4) 우리나라의 대표적인 유적지는 경주다.

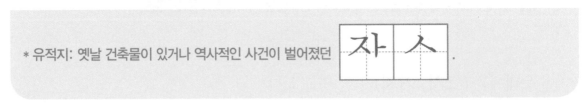

＊ 유적지: 옛날 건축물이 있거나 역사적인 사건이 벌어졌던 [장소] .

(5) 우리는 자연 파괴를 최소화해야 한다.

＊ 최소화: 가장 [적게] 함.

(6) 염소 두 마리가 <u>외나무다리</u>에서 만났다.

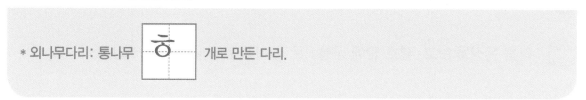
＊외나무다리: 통나무 ㅎ 개로 만든 다리.

(7) 아버지는 부서진 문화재를 <u>복원</u>하는 일을 하신다.

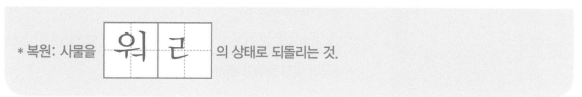
＊복원: 사물을 워 ㄹ 의 상태로 되돌리는 것.

(8) 나는 아무런 <u>구속</u>이 없는 곳에서 살고 싶다.

＊구속: 행동이나 생각의 자 ㅇ 를 막는 것.

(9) 바닷물을 보니 뛰어들고 싶은 <u>충동</u>이 든다.

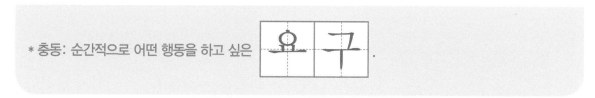
＊충동: 순간적으로 어떤 행동을 하고 싶은 요 구.

(10) 저기서 그네를 타고 있는 <u>아낙</u>이 누구냐?

＊아낙: 남의 집의 성인 ㅇ ㅈ 를 이르는 말.

(11) 이 동네의 백성들은 군인들에게 <u>몰살</u>을 당했다.

＊몰살: 저 부 죽임.

3 같은 모양, 다른 뜻

다음 문장을 보고, 괄호 안에 공통으로 들어갈 낱말을 빈칸에 쓰세요.

(1)

ㅁ	려

① 자기 발에 걸려 넘어지다니, 종호는 참 (　　)하다.

　　＊ 매우 어리석고 둔함.

② 지난 시합에 대한 (　　)을 버리고 더 열심히 연습하자.

　　＊ 깨끗이 잊지 못하고 뭔가 남아 있는 마음.

(2)

요	ㄱ

① 선생님의 격려 말 한 마디에 (　　)가 났다.

　　＊ 씩씩하고 굳센 기운.

② 이 물은 저 (　　)에 담아라.

　　＊ 물건을 담는 그릇.

(3)

정	ㄷ

① 강자가 약자를 괴롭히는 것은 (　　)하지 못하다.

　　＊ 이치에 맞고 올바름.

② 이번 대통령 선거에 모든 (　　)에서 후보를 냈다.

　　＊ 정치적인 주장이 같은 사람들끼리 모인 집단.

(4)

ㅂ	ㄹ

① 민호는 다리를 흔드는 (　　)이 있다.

　　＊ 오랫동안 자꾸 반복하여 몸에 익어 버린 행동.

② 웃어른께 반말을 하는 것은 (　　)없는 행동이다.

　　＊ 윗사람에 대하여 지킬 예의.

4 의견을 나타내는 글

의견을 나타내는 글을 쓰는 방법입니다. 괄호 안에 들어갈 말을 알맞게 짝지으세요.

(1) (   )는 글의 중심 생각이다. 글을 쓸 때에 이것에서 벗어나서는 안 된다. • • 사실

(2) 의견을 뒷받침하는 문장에는 꼭 (   ) 만을 써야 한다. 또 과장해서는 안 된다. • • 배경지식

(3) 주장하는 글을 쓸 때에는 (   )을 해결할 수 있는 의견을 나타내야 한다. • • 주제

(4) 평상시에 책을 읽으며 쌓은 (   )은 좋은 글을 쓸 수 있는 힘이 된다. • • 어법

(5) 아무리 좋은 내용이라도 (   )에 어긋나면 생각을 쉽게 전달할 수 없다. • • 출처

(6) 남의 말이나 글을 이용해 글을 쓸 때에는 (   )를 밝혀야 한다. • • 문제 상황

5 십자말풀이

 낱말 뜻풀이를 읽고, 괄호 안에 들어갈 낱말을 빈칸에 넣어 십자말풀이를 완성하세요.

(1)
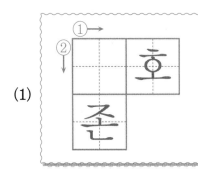

① 망가지지 않게 잘 지키는 것.

② 잘 관리하여 오래 남아 있게 함.

① 자연을 ( )하자.

② 문화재를 잘 ( )하자.

(2)
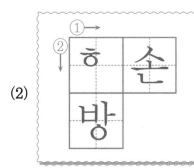

① 망가뜨리거나 깨뜨려 못쓰게 만듦.

② 남의 일을 방해함.

① 유물을 ( )하면 안 된다.

② 내 일에 ( ) 놓지 말고 저리 가!

(3)
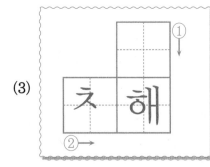

① 남의 일을 간섭하고 막아 해를 끼치는 것.

② 다른 사람의 자유를 빼앗아 해를 끼치는 것.

① 숙제를 하는데 동생이 자꾸 ( )를 했다.

② 다른 사람의 자유를 ( )하면 안 된다.

제17과 감동을 나누며 읽어요(1)

1 독서

책을 읽는 것과 관련 있는 낱말입니다. 밑줄 친 부분이 뜻하는 낱말을 쓰세요.

(1) 시는 <u>소리를 내어 읽어야</u> 감동을 더 느낄 수 있다.

(2) 책을 읽을 때에는 <u>글의 뜻을 새기면서 자세히 읽어야</u> 한다.

  * 새기면서: 잊지 않도록 마음속에 깊이 기억하면서.

(3) 누나는 <u>책을 상당히 빠른 속도로 읽는다.</u>

(4) 나는 <u>책을 많이 읽는</u> 편이다.

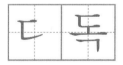

(5) 도서관에서는 <u>소리 내지 않고 조용히 속으로 책을 읽어야</u> 한다.

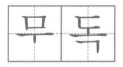

2 무슨 낱말일까요?

 설명을 읽고, 빈칸에 알맞은 낱말을 넣어 문장을 완성하세요.

(1) 우리 할머니는 | 여 | | 부 | 이시다.

  * 성격이나 행동이 시원시원하고 씩씩한 여자를 이르는 말.

(2) 어머니는 미용실을 하고 싶으셨지만 | 미 | 처 | 이 없어서 포기하셨다.

  * 어떤 일을 처음 시작하는 데에 필요한 돈.

(3) 삼촌께서 | | 물 | 자동차를 몰고 나타나셨다.

  * 헐거나 낡은 물건.

(4) 기차가 | ㅇ | 마 | ㄷ | 소리를 내며 출발했다.

  * 소리나 말이 한 마디로 짧게 들리는 것.

(5) 꿈에 돼지를 보면 곧 좋은 일이 생긴다고 어머니께서 | 꿈 | 푸 | ㅇ | 를 해

주셨다.

  * 꿈에 나타난 일을 풀어서 좋고 나쁨을 판단하는 일.

(6) 할아버지께서 노래 한  을 멋지게 부르셨다.

    * 말이나 글, 노래 등의 한 부분.

(7) 저 숲에는  가 드물어 밤에 다니기엔 너무 무섭다.

    * 사람이 사는 집.

(8) 아니, 이게 무슨 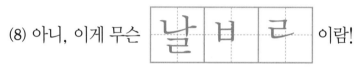 이람!

    * 뜻밖에 당하는 불행.

(9) 이 이야기의  은 20년 전 농촌 마을이다.

    * 이야기 속의 시간이나 장소.

(10) 창밖에는  가 휘날리고 있었다.

    * 거센 바람에 날려 세게 휘몰아치는 눈.

(11) 나는 얼른 자라서 부모님의  를 갚고 싶다.

    * 고맙게 베풀어 주는 도움.

3 비슷한말, 반대말

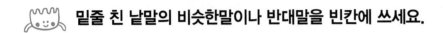 밑줄 친 낱말의 비슷한말이나 반대말을 빈칸에 쓰세요.

(1)
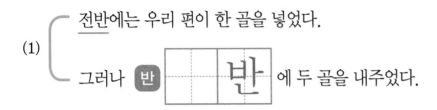
전반에는 우리 편이 한 골을 넣었다.

그러나 반[　　반] 에 두 골을 내주었다.

(2)
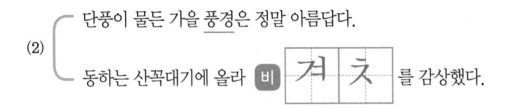
단풍이 물든 가을 풍경은 정말 아름답다.

동하는 산꼭대기에 올라 비[겨ㅊ] 를 감상했다.

(3)

현종이는 동생의 거짓말에 잔뜩 화가 났다.

송희가 나에 대해 비[다 다 히] 오해를 하고 있다.

(4)
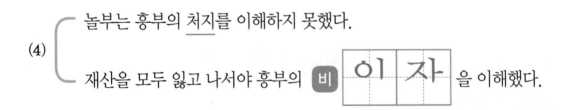
놀부는 흥부의 처지를 이해하지 못했다.

재산을 모두 잃고 나서야 흥부의 비[이 자] 을 이해했다.

(5)
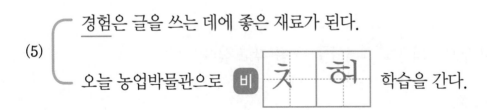
경험은 글을 쓰는 데에 좋은 재료가 된다.

오늘 농업박물관으로 비[ㅊ 히] 학습을 간다.

4 바르게 쓰기

밑줄 친 낱말을 바르게 고쳐 쓰세요.

(1) 중화는 민규네 집을 찾느라 골목을 <u>헤메고</u> 다녔다.

_____

(2) 하늘을 오르락내리락하는 꿈은 <u>낚시대</u>에 걸린다는 뜻이다.

_____

(3) 민재는 수업 시간에 방귀를 뀌고 <u>챙피해서</u> 고개를 숙였다.

_____

(4) 이 집은 우리 가족이 삼 년 전에 <u>살든</u> 곳이다.

_____

(5) 발을 <u>헛딛어서</u> 발목을 다쳤다.

_____

(6) 바다에서 하얀 돌고래가 힘차게 <u>솟구쳐</u> 올랐다.

_____

(7) 할아버지는 고향을 잃은 <u>서룸</u>에 눈물을 흘리셨다.

* 서럽게 느껴지는 마음.

_____

5 띄어쓰기

만큼, 대로, 뿐

① 사람이나 사물의 이름을 나타내는 낱말, 수를 나타내는 낱말 뒤에는 붙여 씁니다.

    예) 누구도 준현이만큼 많이 먹을 수는 없다.

② 형태가 바뀌는 낱말 가운데에서 '-는 / -던 / -을'과 같이 '-ㄴ / -ㄹ'로 끝나는 말 뒤에서는 띄어 씁니다.

    예) 땀 흘린 만큼 좋은 결과가 따라온다.

다음 문장을 읽고, 밑줄 친 부분의 띄어쓰기가 맞으면 O, 틀리면 X표 하세요.

(1) 나만큼 너도 힘들었겠다.　　　　　　　　　　(　　)

(2) 책을 볼만큼 보고 여기로 나오렴.　　　　　　(　　)

(3) 희진이는 공부 뿐 아니라 운동도 잘 한다.　　(　　)

(4) 숙제를 했냐는 질문에 민정이는 웃을 뿐이었다.　(　　)

(5)　선생님 말씀에 따라 우리는 차례대로 차에 올랐다.　(　　　　)

(6)　네가 생각한대로 스케치북에 그려 보렴.　(　　　　)

(7)　우리 학교 운동장은 바다 만큼 넓다.　(　　　　)

(8)　너는 너 대로, 나는 나 대로 갈 길을 가자.　(　　　　)

띄어 써야 할 곳에 ∨표를 하세요. 괄호 안의 숫자는 띄어 써야 할 횟수입니다.

(9)　아기는아기대로기분이좋아춤을추었다. (5)

(10)　동숙이는자신이캔쑥을팔아서달걀을사려고했다. (7)

(11)　메기는기가막혀너무크게웃다가입이쫙찢어져버렸다. (9)

(12)　병어는입을꽉움켜쥐고웃다가그만입이뾰족해지고말았다. (8)

제18과 감동을 나누며 읽어요(2)

1 좌석

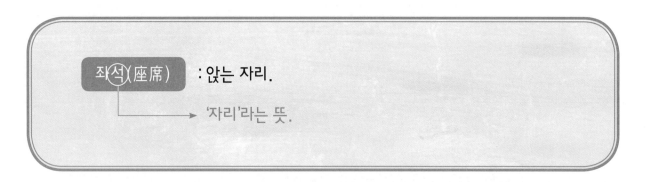

좌석(座席) : 앉는 자리.

'자리'라는 뜻.

다음 설명을 읽고 '석'이 들어가는 낱말을 쓰세요.

(1) 배나 비행기를 운전하는 사람이 앉는 자리.

조　　석

(2) (1)의 옆에서 도와주는 사람이 앉는 자리.

조　　석

(3) 수업, 모임 등 자리에 나가는 것.

추　석

(4) 수업, 모임 등 가야 할 자리에 나가지 않는 것.

　　석

(5) 연극, 영화 등을 구경하는 사람들이 앉는 자리.

　람　석

2 같은 모양, 다른 뜻

 다음 문장을 보고, 괄호 안에 공통으로 들어갈 낱말을 빈칸에 쓰세요.

(1)

ㅈ	ㄱ

① 아버지께서 (　　　)에 과일을 올려놓으셨다.
* 제사에 쓰는 그릇.

② 나는 형과 (　　　)를 차고 놀았다.
* 발로 차고 노는 장난감.

(2)

ㄱ	적

① 내가 우리 반 회장이 되는 (　　　)이 일어났다.
* 도저히 일어날 수 없다고 생각한 일이 실제로 일어나는 것.

② 기차는 (　　　)을 울리며 떠났다.
* 기차나 배에서 신호로 내는 커다란 소리.

(3)

ㅂ

① 똥을 다른 말로 (　　　)이라고 한다.
* 대변과 소변. 특히 대변.

② 형은 오토바이를 타고 가다가 (　　　)을 당했다.
* 갑자기 생긴 나쁜 일.

(4)

ㄷ	적

① 삼촌은 물을 (　　　)에 따라 벌컥벌컥 드셨다.
* 국을 담는, 위가 넓적하고 높이가 낮은 그릇.

② 두루미는 여우에게 형편없는 (　　　)을 받았다.
* 음식을 차려 손님을 맞이하는 것.

3 무슨 뜻일까요?

밑줄 친 말의 알맞은 뜻을 찾아 번호를 쓰세요.

(1) 농부는 비가 내린다는 소식을 듣고 헤벌쭉 웃었다.　　　　　（　　）

　　① 입속이 보일 정도로 입이 크게 벌어진 모양.

　　② 입술을 길게 내밀고 자꾸 이쪽저쪽으로 움직이는 모양.

(2) 성냥팔이 소녀의 모습이 안쓰럽다.　　　　　　　　　　　（　　）

　　① 보기에 사랑스럽다.

　　② 마음이 아프고 가엽다.

(3) 우리의 사정을 봐 주지 않고 버스가 떠나 버렸다.　　　　　（　　）

　　① 상황이나 형편.

　　② 일이 없어 남는 시간.

(4) 사자는 미로에서 오후 내내 나오지 못하고 있다.　　　　　（　　）

　　① 여러 갈래로 갈라져 빠져나오기 어려운 길.

　　② 웅덩이에 물이 고여 진흙으로 뒤덮인 곳.

(5) 나그네는 그렁저렁 다섯 시간 째 걷고 있다.　　　　　　　（　　）

　　① 한쪽 다리가 짧거나 다쳐서 자꾸 뒤뚱거리며 걷는 모양.

　　② 뚜렷하게 정하지 않고 그냥 되는 대로.

(6) 호랑이의 한마디에 동물들이 아우성을 쳤다.   (   )

    ① 여럿이 있는 힘을 다하여 크게 부르짖는 소리.

    ② 기뻐서 큰 소리로 외치는 소리.

(7) 창호는 내 말에 토라져서 나를 쳐다보지도 않았다.   (   )

    ① 섭섭하거나 마음에 들지 않아 싹 돌아서서.

    ② 분하여 몹시 화가 나서.

(8) 목수는 그 일을 통해 한몫 잡았다.   (   )

    ① 직업을 얻었다.

    ② 큰돈을 벌었다.

(9) 호성이의 변명은 모두 거짓이었다.   (   )

    ① 자기의 잘못을 인정하고 용서를 비는 것.

    ② 잘못이나 실수에 대해 핑계를 대며 까닭을 말하는 것.

(10) 사람들은 할머니를 보고 수군덕거리기 시작했다.   (   )

    ① 여러 사람이 모여 소란스럽게 떠들기.

    ② 남이 알아듣지 못하도록 낮은 목소리로 이야기하기.

(11) 마법사는 방 안을 둘레둘레 보더니 어디론가 사라졌다.   (   )

    ① 사방을 이리저리 살피는 모양.

    ② 조급한 마음으로 몹시 허둥거리는 모양.

4 띄어쓰기

(1) 머릿속 (　　)
　　 머릿 속 (　　)

(2) 어느날 (　　)
　　 어느 날 (　　)

(3) 오랫동안 (　　)
　　 오랫 동안 (　　)

(4) 오랜시간 (　　)
　　 오랜 시간 (　　)

(5) 태정이는 인우를 보고 알은척도 하지 않았다. (　　)
　　 태정이는 인우를 보고 알은 척도 하지 않았다. (　　)

(6) 꿈속 (　　)
　　 꿈 속 (　　)

(7) 숲속 (　　)
　　 숲 속 (　　)

(8) 마음속 (　　)
　　 마음 속 (　　)

(9) 한참만에 (　　)
　　 한참 만에 (　　)

(10) 기차밖에는 눈보라가 휘날렸다. (　　)
　　 기차 밖에는 눈보라가 휘날렸다. (　　)

5 낱말 뜻풀이

🐱 빈칸에 알맞은 낱말을 넣어서 밑줄 친 낱말의 뜻을 풀이하세요.

(1) 아이스크림을 많이 먹었더니 배탈이 났다.

* 배탈: 먹은 것이 체하거나 설사를 하는 배 속 | ㅂ |.

(2) 바람이 세게 불어서 머리카락이 마구 뒤엉켜 버렸다.

* 뒤엉켜: 서로 뒤섞여 한 | 더 | 어 | ㄹ | 가 되어.

(3) 남정네들은 얼른 가서 따뜻한 물을 떠 오세요.

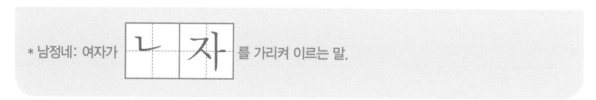

* 남정네: 여자가 | ㄴ | 자 | 를 가리켜 이르는 말.

(4) 윤주는 노래를 기차게 부른다.

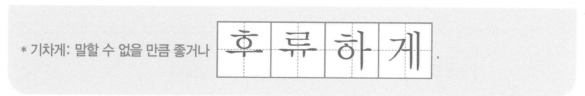

* 기차게: 말할 수 없을 만큼 좋거나 | 후 | 류 | 하 | 게 |.

(5) 근영이는 장단에 맞춰 어깨춤을 추었다.

* 장단: 음악이나 노래의 빠르고 느린 | ㅂ | 자 |.

6 십자말풀이

낱말 뜻풀이를 읽고, 괄호 안에 들어갈 낱말을 빈칸에 넣어 십자말풀이를 완성하세요.

(1)

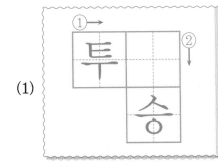

① 마음에 들지 않아 떼를 쓰며 조르는 일.

② 조선 시대의 가장 높은 벼슬.

① 동생은 (   )을 부리다가 어머니께 혼이 났다.

② 황희 (   )은 세종 대왕 때의 유명한 학자다.

(2)

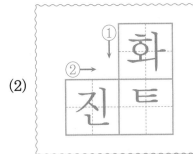

① 기차, 공장 등의 굴뚝.

② 아기를 낳을 때에 짧은 간격을 두고 반복적으로 생기는 통증.

① 기차 (   )을 삶아 먹었는지 아기 목소리가 무척 우렁차다.

② (   )이 시작된 것을 보니 곧 아기가 나올 것 같다.

(3)

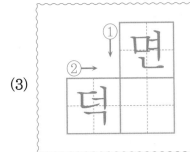

① 서로 만나서 이야기하는 것.

② 상대방이 잘되기를 빌어 주는 말.

① 학급 신문을 만들기 위해서 교장 선생님을 (   )했다.

② 설날에 우리가 세배를 드리면 어른들은 우리에게 (   )을 해 주신다.

3차 개정판

어린이 **훈민정음**

정답과 해설

띄어쓰기

원고지 사용법

기초 문법

맞춤법   발음

어휘력은 모든 학습의 뿌리

4-2

어린이 훈민정음 4-2
정답과 해설

본 교재는 어휘력 향상을 위해 만들었지만, 문장 하나하나도 학습에 도움이 되도록 정성을 기울였습니다. 그러므로 교재에 나오는 예시 문장을 자세히 살펴 문장 학습을 하는 데에 이용하시기 바랍니다.

본 교재는 어휘력은 물론, 맞춤법과 발음, 띄어쓰기, 기초 문법, 원고지 사용법 등의 내용을 함께 다루고 있습니다.

1 이어질 장면을 생각해요(1) 7쪽

1. (1) 유럽
   (2) 아시아
   (3) 북아메리카
   (4) 아프리카
   (5) 오세아니아
   (6) 중앙아메리카
   (7) 남아메리카

2. (1) 천동설
   (2) 지동설
   (3) 천체
   (4) 은하
   (5) 별자리

3. (1) 역할극
   (2) 대본
   (3) 연기
   (4) 소품
   (5) 등장인물

4. (1) 장신구
   (2) 곳간
   (3) 인심
   (4) 창작집
   (5) 신화, 전설
   (6) 유전자
   (7) 책갈피
   (8) 도술
   (9) 예고편
   (10) 여의주
   (11) 이무기

5. (1) 저자
   (2) 머리말
   (3) 앞일
   (4) 흥미
   (5) 아우

6. (1) 으로서
   (2) 으로써
   (3) 으로써
   (4) 으로서

2 이어질 장면을 생각해요(2) 14쪽

1. (1) 관측
   (2) 관찰
   (3) 관객
   (4) 관광

2. (1) 원
  (2) 대사
  (3) 정기
  (4) 독자

3. (1) ②
  (2) ①
  (3) ①
  (4) ②
  (5) ①
  (6) ①
  (7) ①
  (8) ②
  (9) ①
  (10) ②
  (11) ①

해설

오답 풀이입니다.
(1) ① 음산한
(2) ② 후략
(4) ① 부정했다
(5) ② 변성되었다
(7) ② 근사했다
(9) ② 은폐했다

4. (1) ① 사료　② 연료
  (2) ① 왕관　② 의관
  (3) ① 동심　② 동냥

5. (1) 바람
  (2) 돌멩이
  (3) 로켓
  (4) 이야깃거리
  (5) 알아맞혀
  (6) 외톨이
  (7) 꽃봉오리

6. (1)

| | 떠 | 돌 | 아 | 다 | 닌 | | 지 | | 3 |
| 년 | 이 | | 지 | 났 | 다 | . | | | |

(2)

	햇	빛	이		사	라	지	고	
몇		날		며	칠		어	둠	이
내	려	앉	았	다	.				

(3)

	연	꽃	이		꺾	어	지	자	마
마		송	이	송	이		다	른	
꽃	들	이		피	었	다	.		

3 마음을 전하는 글을 써요(1) 21쪽

1. (1) 도자기
  (2) 물레
  (3) 승강기
  (4) 망원경

2. (1) 반죽
  (2) 시범
  (3) 동양
  (4) 안부
  (5) 치장
  (6) 실감
  (7) 댓글
  (8) 피로
  (9) 연설
  (10) 과장
  (11) 애교

3. (1) 인상
  (2) 고려

(3) 어린

(4) 가려

4. (1) 새삼

(2) 워낙

(3) 그만

(4) 잔뜩

(5) 새삼

(6) 워낙

(7) 잔뜩

(8) 그만

5. (1) 제자

(2) 퇴근

(3) 단점

(4) 유쾌

(5) 됨됨이

4 마음을 전하는 글을 써요(2) 27쪽

1. (1) [박따]

(2) [발께]

(3) [불꾸나]

(4) [북찌]

(5) [묵따]

(6) [물꼬]

해설

어간(모양이 변하는 말에서 – 동사, 형용사에서 – 변하지 않는 부분)의 받침 'ㄺ' 뒤에 'ㄱ'으로 시작하는 말이 올 때, ① 받침 'ㄺ'은 [ㄹ]로 소리 나고, ② 뒷말의 'ㄱ'은 [ㄲ]으로 소리 납니다.

예) 늙고 → ① [늘고] → ② [늘꼬]

또, 받침이 [ㄱ]으로 소리 나는 말 뒤에 'ㄷ, ㅂ, ㅅ, ㅈ'이 오면, 그 자음은 [ㄸ, ㅃ, ㅆ, �]로 소리 납니다.

예) 늙다 → [늑다] → [늑따]

2. (1) 않고

(2) 안고

(3) 알고

(4) 앓고

(5) 잃고

(6) 일고

3. (1) ①

(2) ②

(3) ②

(4) ①

(5) ①

해설

오답 풀이입니다.

(1) ② 강제하셨다

(3) ① 냉정하게

(5) ② 수군거리고

4. (1) 붙임쪽지

(2) 쑥스러워서

(3) 낫거들랑

(4) 들르지

(5) 사귀어야

(6) 낯설다

(7) 게시판

5. (1) 자세히

(2) 단정히

(3) 깨끗이

(4) 꾸준히

(5) 편안히

(6) 틈틈이

6.(1)

/	너	희	도		힘	껏		달	리
고		싶	었	을		텐	데	.	

(2)

/	도	자	기	가		잘		만	들
어	지	지		않	아	서		어	찌
할		바	를		몰	랐	다	.	

(3)

/	사	람	을		사	귀	는		데
에		가	장		중	요	한		것
은		진	실	한		마	음	이	다 .

(2) ② 쾌활하게
　　③ 흐뭇하게
　　④ 태연하게
　　⑤ 서운하게
　　⑥ 어색하게
　　⑦ 비아냥거리며

4.(1) 생신
　(2) 진지
　(3) 제가
　(4) 고마워요, 고맙습니다
　(5) 할아버지께
　(6) 댁
　(7) 정했어요, 정했습니다.

5 바르고 공손하게(1) 　33쪽

1.(1) 제안
　(2) 동의
　(3) 발표
　(4) 표결
　(5) 다수결

2.(1) 근
　(2) 건성
　(3) 서방
　(4) 총사
　(5) 공익 광고
　(6) 귓속말
　(7) 짜증
　(8) 주의
　(9) 표어
　⑽ 출처
　⑾ 인용

3.(1) ① 효과음
　　　⑧ 말조심

6 바르고 공손하게(2) 　39쪽

1.(1) 빚
　(2) 고와야, 곱다
　(3) 새
　(4) 도끼

2.(1) 높임말
　(2) 거친
　(3) 끼어들지
　(4) 경청
　(5) 오해, 신중하게

3.(1) 온라인
　(2) 대화명
　(3) 대화방
　(4) 줄임 말
　(5) 그림말

4.(1) 요구
　(2) 이름
　(3) 놀이

(4) 쇠붙이

(5) 예의

5. (1) ②

   (2) ①

   (3) ①

   (4) ②

   (5) ②

 해 설

오답 풀이입니다.

(1) ① 버릇없이

(2) ② 주시해야

(4) ① 감았다

6. (1)

	2	9	명		가	운	데	에	서
9	명	이		찬	성	했	습	니	다.

(2)

	회	의	할		때	에	는		자
신	과		다	른		의	견	도	
귀	담	아	들	어	야		한	다	.

(3)

	연	필	로		한	쪽	을		고
정	하	고		다	른		한	쪽	을
손	가	락	으	로		튕	긴	다	.

 해 설

(1) 숫자는 한 칸에 두 자씩 씁니다.

(3) '한쪽'은 한 낱말이므로 붙여 씁니다.

7 이야기 속 세상(1) 45쪽

1. (1) 운전사

   (2) 정류장

   (3) 기어

   (4) 핸들

   (5) 브레이크

2. (1)

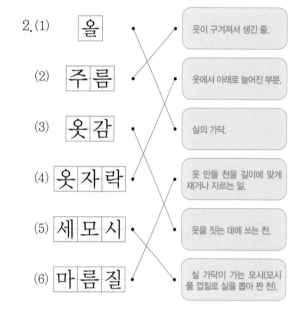

(1) 올
(2) 주름
(3) 옷감
(4) 옷자락
(5) 세모시
(6) 마름질

- 옷이 구겨져서 생긴 줄.
- 옷에서 아래로 늘어진 부분.
- 실의 가닥.
- 옷 만들 천을 길이에 맞게 재거나 자르는 일.
- 옷을 짓는 데에 쓰는 천.
- 실 가닥이 가는 모시(모시풀 껍질로 실을 뽑아 짠 천).

3. (1) 범죄자

   (2) 달인

   (3) 불효자

   (4) 영웅

   (5) 원시인

   (6) 야만인

4. (1) 또래

   (2) 참견

   (3) 심통

   (4) 시위

   (5) 권법, 수법

   (6) 저승

   (7) 핑계

   (8) 족집게

   (9) 주발

   (10) 귓바퀴

   (11) 허리춤

5.(1) 진탕

(2) 모로

(3) 못내

(4) 흠씬

(5) 흡사

(6) 자못

6.(1) 건네주었다

(2) 설레었다

(3) 부잣집

(4) 웬

(5) 북녘땅

(6) 하마터면

(7) 질세라

8 이야기 속 세상(2) 52쪽

1.(1) 실룩실룩

(2) 드문드문

(3) 절레절레

(4) 또랑또랑

(5) 주섬주섬

2.(1) 벌름거리며

(2) 아른거려서

(3) 홧홧거려서

(4) 수군거렸다

(5) 머뭇거리고

3.(1) 남새, 야채

(2) 상점, 점포

(3) 무덥다, 후텁지근하다

(4) 가꾼다, 보살핀다

(5) 매콤하다, 얼근하다

4.(1) 목소리

(2) 토할

(3) 푸른색

(4) 인사

(5) 겁

5.(1) ②

(2) ②

(3) ①

(4) ①

(5) ①

(6) ②

(7) ①

(8) ②

(9) ①

(10) ①

(11) ②

해설

오답 풀이입니다.

(1) ① 수긍했다

(4) ② 조는

(5) ② 순식간에

(6) ① 위로했다

(7) ② 증오스러웠다

(10) ② 잡아뗐다

6.(1) ① 풍파

② 풍습

(2) ① 부아

② 부축

(3) ① 모퉁이

② 모정

9 의견이 드러나게 글을 써요(1) 59쪽

1.(1) 광

(2) 아궁이

(3) 수레

(4) 병풍

2. (1) 궁리

(2) 손해

(3) 판결

(4) 토종

(5) 다문화

(6) 선진국

(7) 권리

(8) 공동체

(9) 관용

(10) 지원

(11) 방언

3. (1) 바늘 도둑이 / 소도둑 된다. ④

(2) 빈 수레가 / 요란하다. ③

(3) 배보다 배꼽이 / 더 크다. ③

(4) 등잔 밑이 / 어둡다. ③

(5) 가재는 / 게 편이다. ①

(6) 고래 싸움에 새우 등 / 터진다. ②

해설

주어부와 서술부를 나누는 문제입니다.

주어부란 문장의 주체가 되는 부분으로, 문장에서 주어 혼자나 주어에 딸린 성분으로 이루어집니다. 주로 문장 안에서 조사 '이/가'와 함께 쓰입니다.

서술부란 동작이나 상태 등을 나타내는 부분으로, 서술어 혼자나, 목적어, 보어 또 그에 딸린 성분으로 이루어집니다.

속담 풀이입니다.

(1) 작은 나쁜 짓도 자꾸 하면 큰 죄를 저지르게 된다.

(2) 실력 없는 사람이 겉으로 더 떠들어 댄다.

(3) 원래 있던 것보다 덧붙이는 것이 더 많거나 크다.

(4) 대상에서 가까운 사람이 오히려 그 대상을 잘 알기 어렵다.

(5) 비슷하고 인연이 있는 것끼리 감싸 주기 쉽다.

(6) 강한 사람들이 싸우는 통에 약한 사람이 피해를 본다.

4. (1) 머지않아

(2) 윗사람

(3) 목홧값

(4) 산봉우리

(5) 삼가야

(6) 길거리

(7) 묫

10 의견이 드러나게 글을 써요(2) 64쪽

1. (1) 홍수

(2) 폭우

(3) 하류

(4) 물난리

(5) 댐

2. (1) ②

(2) ①

(3) ②

(4) ①

(5) ①

해설

오답 풀이입니다.

(1) ① 협력

(2) ② 채점했다

(3) ① 어려운

(5) ② 앳되게

3. (1) 이민자

(2) 하층민

(3) 외국인

(4) 무슬림

(5) 노동자

(6) 민족

4. (1) 부침개

(2) 할머니

(3) 강아지

(4) 콩나물

(5) 다슬기

(6) 어머니

5. (1)

	민	규	는		여	러	모	로
본	받	을		만	한		친	구	다.

(2)

	그	들	은		낯	선		땅	에	∨
살	아		자	신	의		권	리	조
차		주	장	하	기		힘	들	다.

(3)

	먼	저		손	을		내	밀
수		있	는		사	람	이	야	말
로		멋	있	는		사	람	이	다.

(3) 침묵
(4) 열병
(5) 댓돌
(6) 모금
(7) 장터
(8) 침략
(9) 유언
(10) 생시
(11) 모함

4. (1) 용안
(2) 세자
(3) 보좌
(4) 조정
(5) 소신
(6) 즉위식

5. (1) 해박
(2) 영특
(3) 편찬
(4) 난폭
(5) 침몰

11 본받고 싶은 인물을 찾아봐요(1) 69쪽

1. (1) 거중기
(2) 도르래
(3) 펌프
(4) 램프

2. (1) 양민
(2) 목사
(3) 수양딸
(4) 현감
(5) 암행어사
(6) 은인
(7) 성현
(8) 간신배
(9) 정적
(10) 기생

3. (1) 특산물
(2) 수확

12 본받고 싶은 인물을 찾아봐요(2) 76쪽

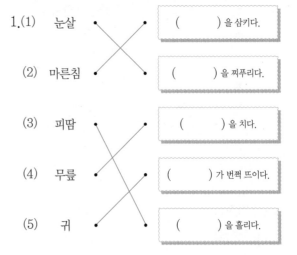

1. (1) 눈살
(2) 마른침
(3) 피땀
(4) 무릎
(5) 귀

(　　) 을 삼키다.
(　　) 을 찌푸리다.
(　　) 을 치다.
(　　) 가 번쩍 뜨이다.
(　　) 을 흘리다.

2.(1) 관청

(2) 포구

(3) 움막

(4) 유배지

(5) 주막

3.(1) 전기문

(2) 사실

(3) 요약

(4) 업적

(5) 가치관

4.(1) 문법

(2) 장애

(3) 훈민정음

(4) 공로

(5) 출간

5.(1) 책상

(2) 어려움

(3) 무덤

(4) 넓은

(5) 책

6.(1) ②

(2) ②

(3) ①

(4) ②

(5) ①

 해 설

오답 풀이입니다.
(1) ① 모시고
(2) ① 부과
(3) ② 앙증맞은
(5) ② 과반수의

7.(1)

	고	향	을		떠	난		지
몇	십		년	이		흘	렀	다	.

(2)

	아	침	부	터		해	가		떨
어	질		때	까	지		한	시	도	∨
쉬	지		않	고		일	했	다	.

(3)

	살	아	생	전		그	가		쓴	∨
시	는		방		하	나	를		가
득		채	울		정	도	였	다	.

13 독서 감상문을 써요(1) 83쪽

1.(1) 각다귀

(2) 소금쟁이

(3) 실지렁이

(4) 장구애비

2.(1) 신작로

(2) 활주로

(3) 연주회

(4) 전시회

(5) 경기장

(6) 비행장

3.(1) 세시

(2) 동지

(3) 음력

(4) 팥죽

(5) 부여

4. (1) 회복

(2) 땟국물

(3) 빙하

(4) 오염

(5) 수컷

(6) 애원

(7) 풍속

(8) 가로채서

(9) 동기

(10) 보름

(11) 진지하게

5. (1) 시원스레

(2) 얽혀

(3) 돋보기

(4) 왠지

(5) 핥아

(6) 재촉했다

(7) 짓는다더냐

14 독서 감상문을 써요(2) 89쪽

1. (1) 함경도

(2) 강원도

(3) 전라도

(4) 제주도

2. (1) 길

(2) 많이

(3) 가르쳐서

(4) 마루

(5) 지게

3. (1) ②

(2) ①

(3) ①

(4) ①

(5) ②

 해설

오답 풀이입니다.

(3) ② 흔쾌히

(4) ② 쓰러져

(5) ① 설랬다

4. (1) 물가

(2) 조화

(3) 산소

(4) 초대

5. (1) 간절히

(2) 함부로

(3) 나직이

(4) 쏜살같이

(5) 나직이

(6) 쏜살같이

(7) 함부로

(8) 간절히

6. (1)

| | 동 | 지 | 는 | | 음 | 력 | | 십 | 일 |
| 월 | 의 | | 세 | 시 | | 풍 | 속 | 이 | 다 . |

(2)

	나	는		한		번	도		꿈
에		대	해		진	지	하	게	
생	각	한		적	이		없	다	.

(3)

	신	작	로	까	지		십	오	
분	이	면		갈		길	을		삼
십		분	도		더		걸	렸	다 .

15 생각하며 읽어요(1) 95쪽

1. (1) 햇볕
   (2) 햇빛
   (3) 자만
   (4) 자선
   (5) 자신

2. (1) 비난
   (2) 고궁
   (3) 시력
   (4) 문화재
   (5) 보금자리
   (6) 존중
   (7) 곰팡이
   (8) 호통
   (9) 개방
   (10) 풍부하다
   (11) 간섭

3. (1) 폐쇄
   (2) 건설
   (3) 의무
   (4) 낭비
   (5) 근거

4. (1) ①
   (2) ①
   (3) ①
   (4) ②
   (5) ①

해설

오답 풀이입니다.
(1) ② 치료
(2) ② 결실하여
(3) ② 맴돌았다

5. (1) 한번∨망가진∨문화재는∨돌이킬∨수∨
   없다.
   (2) 한밤중에∨아파트∨위층에서∨아이들이∨
   피아노를∨친다.
   (3) 학교∨도서관에서∨고인돌에∨대한∨책을∨
   빌려∨읽기도∨했다.
   (4) 사람들은∨숲에서∨생활에∨필요한∨여러∨
   가지∨물건을∨얻는다.
   (5) 나무를∨베어∨낸∨숲은∨꼭∨다시∨가꾸
   어야∨한다.
   (6) 우리는∨숲을∨보호하고∨생물들의∨보금
   자리를∨지켜∨주어야∨한다.
   (7) 문화재를∨관람하면∨조상이∨살았던∨
   때를∨생생하게∨느낄∨수∨있다.

해설

(1) '한번'은 '일단 한 차례'라는 뜻의 한 낱말이므로 붙여 씁니다. '번'이 횟수를 나타내는 경우에는 '한 번'과 같이 띄어 씁니다.

16 생각하며 읽어요(2) 101쪽

1. (1) 고깔모자
   (2) 가장자리
   (3) 등
   (4) 줄기
   (5) 거지
   (6) 삼촌

해설

(4) '잎이 다 떨어진 나뭇가지', '잎자루, 잎줄기, 잎맥을 통틀어 이르는 말'의 뜻으로 쓰이는 '줄거리'는 표준어입니다. 하지만 '줄기'의 뜻으로 쓰이는 줄거리는 방언입니다.

2. (1) 음식
   (2) 조상
   (3) 연극
   (4) 장소
   (5) 적게
   (6) 한
   (7) 원래
   (8) 자유
   (9) 욕구
   (10) 여자
   (11) 전부

3. (1) 미련
   (2) 용기
   (3) 정당
   (4) 버릇

4. (1)
   (2)
   (3)
   (4)
   (5)
   (6)

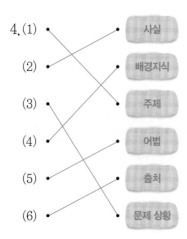

사실
배경지식
주제
어법
출처
문제 상황

5. (1) ① 보호
       ② 보존
   (2) ① 훼손
       ② 훼방
   (3) ① 방해
       ② 침해

17 감동을 나누며 읽어요(1) 107쪽

1. (1) 낭독
   (2) 정독
   (3) 속독
   (4) 다독
   (5) 묵독

2. (1) 여장부
   (2) 밑천
   (3) 고물
   (4) 외마디
   (5) 꿈풀이
   (6) 자락
   (7) 인가
   (8) 날벼락
   (9) 배경
   (10) 눈보라
   (11) 은혜

3. (1) 후반
   (2) 경치
   (3) 단단히
   (4) 입장
   (5) 체험

4. (1) 헤매고
   (2) 낚싯대
   (3) 창피해서
   (4) 살던
   (5) 헛디뎌서
   (6) 솟구쳐
   (7) 설움

5. (1) ○
   (2) ×
   (3) ×
   (4) ○

(5) ○

(6) ×

(7) ×

(8) ×

(9) 아기는∨아기대로∨기분이∨좋아∨춤을∨
추었다.

(10) 동숙이는∨자신이∨캔∨쑥을∨팔아서∨
달걀을∨사려고∨했다.

(11) 메기는∨기가∨막혀∨너무∨크게∨웃다가∨
입이∨쫙∨찢어져∨버렸다.

(12) 병어는∨입을∨꽉∨움켜쥐고∨웃다가∨
그만∨입이∨뾰족해지고∨말았다.

18 감동을 나누며 읽어요(2) 114쪽

1. (1) 조종석

(2) 조수석

(3) 출석

(4) 결석

(5) 관람석

2. (1) 제기

(2) 기적

(3) 변

(4) 대접

3. (1) ①

(2) ②

(3) ①

(4) ①

(5) ②

(6) ①

(7) ①

(8) ②

(9) ②

(10) ②

(11) ①

4. (1) 머릿속

(2) 어느 날

(3) 오랫동안

(4) 오랜 시간

(5) 알은척도

(6) 꿈속

(7) 숲속

(8) 마음속

(9) 한참 만에

(10) 기차 밖에는

5. (1) 병

(2) 덩어리

(3) 남자

(4) 훌륭하게

(5) 박자

6. (1) ① 투정

② 정승

(2) ① 화통

② 진통

(3) ① 면담

② 덕담

시서례 초등 학습서

 어린이 훈민정음

- 교과서 중심의 어휘력 교재.
- 다양한 형식의 문제를 풀면서 쉽고 재미있게
  어휘력을 키울 수 있습니다.
  학년별2권 총12권

 초등국어 독해력 비타민

- 다양한 장르와 소재에 적응하게 해주는 독해력 교재.
- 동화, 설명문, 논설문, 시, 기사문 등 여러 형식과 문학, 과학,
  역사, 사회, 철학 등 다양한 내용의 예문으로
  폭넓은 독해력을 갖게 해줍니다.
  단계별1권 총6권

나의생각 글쓰기 나의 생각 글쓰기

- 기초 문장력부터 바로잡아 주는 갈래별 글쓰기 교재.
- 일기, 생활문, 독후감, 논설문, 설명문 등을 학년에 맞게
  구성하였습니다.
  학년별2권 총12권